Bases de datos relacionales y modelado de datos

María Yolanda Jiménez Capel

ic editorial

Bases de datos relacionales y modelado de datos
© María Yolanda Jiménez Capel

1ª Edición

© IC Editorial, 2024

Editado por: IC Editorial
c/ Cueva de Viera, 2, Local 3
Centro Negocios CADI
29200 Antequera (Málaga)
Teléfono: 952 70 60 04
Fax: 952 84 55 03
Correo electrónico: iceditorial@iceditorial.com
Internet: www.iceditorial.com

ISBN: 978-84-1184-505-2
Depósito Legal: MA-2870-2024

Impresión: PODiPrint
Impreso en Andalucía – España

Nota de la editorial: IC Editorial pertenece a Innovación y Cualificación S. L.

Presentación del manual

El **Certificado de Profesionalidad** es el instrumento de acreditación, en el ámbito de la Administración laboral, de las cualificaciones profesionales del Catálogo Nacional de Cualificaciones Profesionales adquiridas a través de procesos formativos o del proceso de reconocimiento de la experiencia laboral y de vías no formales de formación.

El elemento mínimo acreditable es la **Unidad de Competencia.** La suma de las acreditaciones de las unidades de competencia conforma la acreditación de la competencia general.

Una **Unidad de Competencia** se define como una agrupación de tareas productivas específica que realiza el profesional. Las diferentes unidades de competencia de un certificado de profesionalidad conforman la **Competencia General,** definiendo el conjunto de conocimientos y capacidades que permiten el ejercicio de una actividad profesional determinada.

Cada **Unidad de Competencia** lleva asociado un **Módulo Formativo,** donde se describe la formación necesaria para adquirir esa **Unidad de Competencia,** pudiendo dividirse en **Unidades Formativas.**

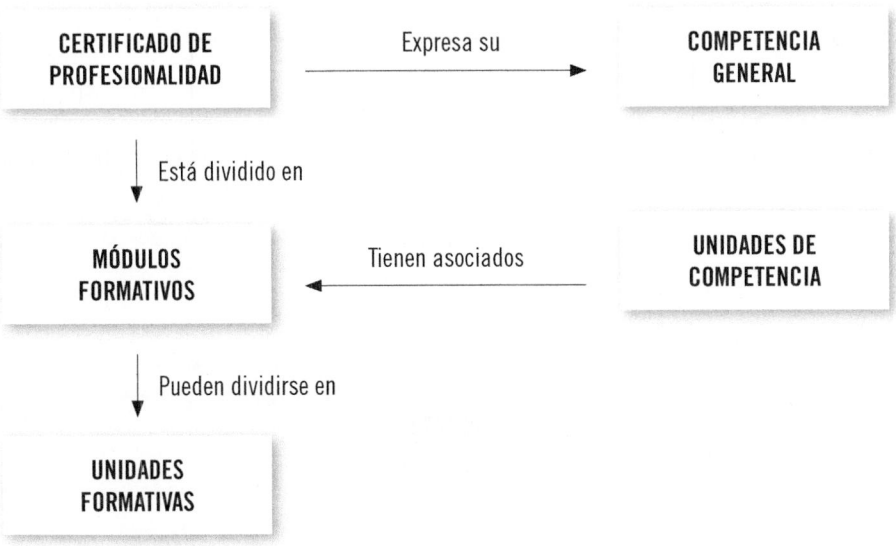

El presente manual desarrolla la Unidad Formativa **UF1471: Bases de datos relacionales y modelado de datos,**

perteneciente al Módulo Formativo **MF0225_3: Gestión de bases de datos,**

asociado a la unidad de competencia **UC0225_3: Configurar y gestionar la base de datos,**

del Certificado de Profesionalidad **Administración de bases de datos.**

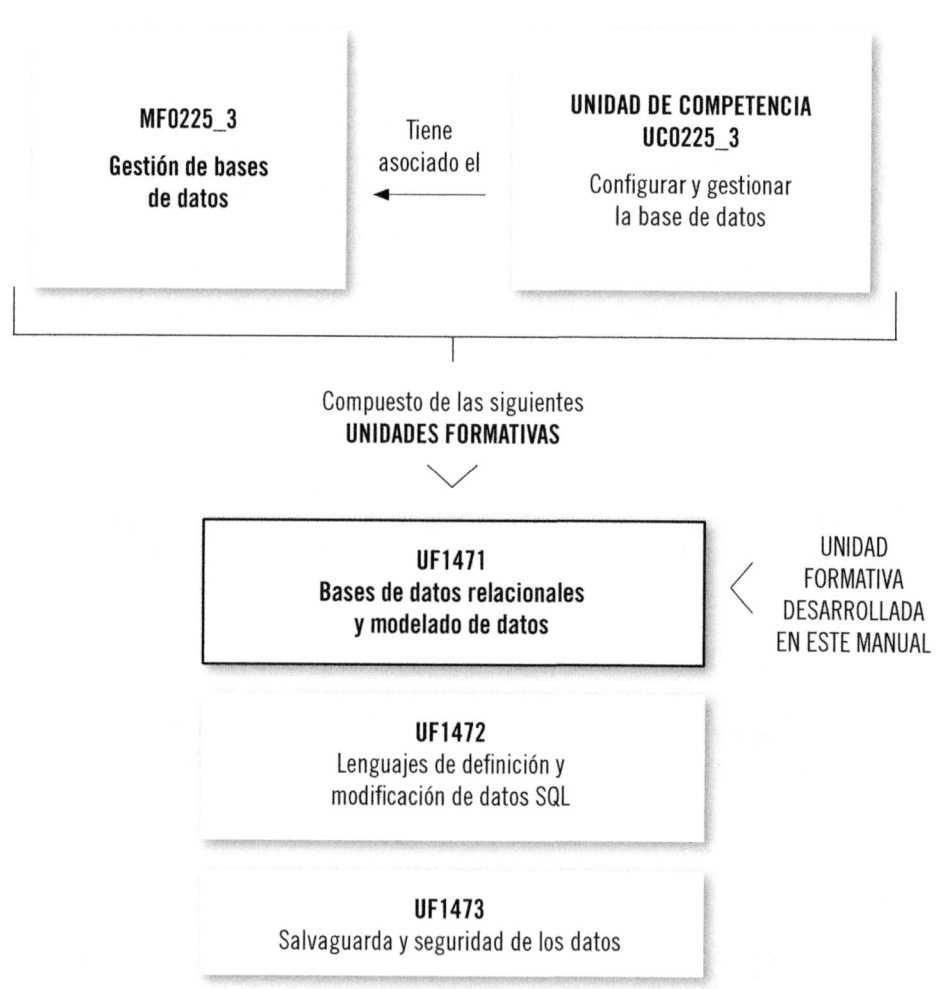

FICHA DE CERTIFICADO DE PROFESIONALIDAD

(IFCT0310) ADMINISTRACIÓN DE BASES DE DATOS (R. D. 1531/2011, de 31 de octubre modificado por el R. D. 628/2013, de 2 de agosto)

COMPETENCIA GENERAL: Administrar un sistema de bases de datos, interpretando su diseño y estructura, y realizando la adaptación del modelo a los requerimientos del sistema gestor de bases de datos (SGBD), así como la configuración y administración del mismo a nivel físico y lógico, a fin de asegurar la integridad, disponibilidad y confidencialidad de la información almacenada.

Cualificación profesional de referencia		Unidades de competencia	Ocupaciones o puestos de trabajo relacionados:
IFC079_3 ADMINISTRACIÓN DE BASE DE DATOS	UC0223_3	Configurar y explotar sistemas informáticos	• Administrador de bases de datos • Técnico en Data Mining (minería de datos) • Analista orgánico
(R. D. 295/2004, de 20 de febrero y modificaciones R. D. 1087/2005, de 16 de septiembre)	UC0224_3	Configurar y gestionar un sistema gestor de bases de datos	
	UC0225_3	Configurar y gestionar la base de datos	

Correspondencia con el Catálogo Modular de Formación Profesional

Módulos certificado	Unidades formativas	Horas
MF0223_3: Sistemas operativos y aplicaciones informáticas	UF1465: Computadores para bases de datos	60
	UF1466: Sistemas de almacenamiento	70
	UF1467: Aplicaciones microinformáticas e Internet para consulta y generación de documentación	40
MF0224_3: Administración de sistemas gestores de bases de datos	UF1468: Almacenamiento de la información e introducción a los SGBD	50
	UF1469: SGBD e instalación	70
	UF1470: Administración y monitorización de los SGBD	80
MF0225_3: Gestión de bases de datos	UF1471: Bases de datos relacionales y modelado de datos	70
	UF1472: Lenguajes de definición y modificación de datos SQL	60
	UF1473: Salvaguarda y seguridad de los datos	70
MP0313: Módulo de prácticas profesionales no laborales		80

Índice

Capítulo 4
Modelo orientado a objetos

Capítulo 5
Modelo distribuido y los enfoques para realizar el diseño

Capítulo 1
Bases de datos relacionales

Contenido

1. Introducción

El término **base de datos** fue escuchado por primera vez en 1963 en California (USA), definiéndolo como un conjunto de información relacionada, toda ella estructurada y agrupada.

Una base de datos es una colección o depósito de datos, donde estos se encuentran lógicamente relacionados entre sí. Se toma un modelo del mundo real para poder trabajar con esos datos a través de aplicaciones y programas.

Es muy importante que una base de datos represente la realidad tal y como es, así como sus distintas condiciones.

Las bases de datos evolucionan constantemente, por lo que a veces resulta difícil su definición, siempre en función de la aplicación y tecnología en las cuales se desarrollan.

2. Base de datos relacionales

La base de datos relacionales o modelo relacional fue definido por Edgar Frank Codd a finales de los años 60; en 1970 publicaría un documento que llevaba por nombre *A Relational Model of data for Large Shared Data Banks (Un modelo relacional de datos para grandes bancos de datos compartidos)*, siendo este el documento más importante sobre esta materia y del cual nace el término. El modelo relacional es el más utilizado en la actualidad.

2.1. Concepto de base de datos relacionales

Una base de datos relacionales es aquella que representa los datos y las relaciones entre los datos mediante una colección de tablas, cada una con un nombre único, donde una fila de una tabla representa una relación entre un conjunto de valores.

Vista de una base de datos relacionales de una forma más global y general

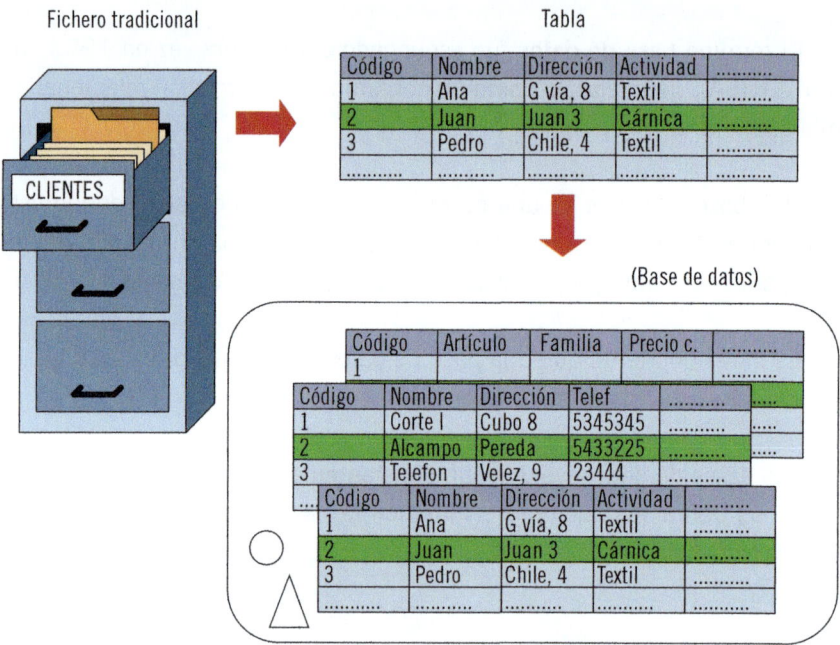

Recuerde

En la base de datos relacionales, cada fila de la tabla es la que representa la relación entre un conjunto de valores.

El modelo de datos relacional consta de 3 aspectos fundamentales:

- **Estructura de datos:** compuesta por dominio, atributos, tuplas (registros o filas) y relaciones.
- **Integridad de los datos:** reglas que se aplican a relaciones base e informan al Sistema Gestor de Base de Datos de ciertas restricciones.

- **Manipulación de datos:** la manipulación de relaciones se realiza a través de un lenguaje de consulta, que consiste en un lenguaje que utiliza el usuario para manejar la información.

Recuerde

La base de datos relacionales es aquella que representa los datos y las relaciones entre los datos mediante una colección de tablas, cada una con un nombre único.

Actividades

1. ¿Cuál es la forma de representación de los datos y relaciones entre ellos en una base de datos relacionales?

2.2. Ejemplificación

Los principales objetivos perseguidos por Edgar Codd sobre el modelado de datos relacional son los siguientes:

- **Independencia física.** La forma de almacenar los datos no debe afectar en su manipulación lógica.
- **Independencia lógica.** Las aplicaciones utilizadas en la base de datos no deben ser modificadas al cambiar elementos de la base de datos.
- **Flexibilidad.** Los datos se pueden presentar a los usuarios de manera que se puedan adaptar a sus necesidades.
- **Uniformidad.** La organización de los datos tendrá siempre la misma estructura lógica, usando valores explícitos que contienen las relaciones (las tablas).

■ **Sencillez.** Las estructuras deben ser sencillas y fáciles de manejar.

A continuación, se muestra cómo se representarían los datos en una base de datos relacionales para el control semanal de asignaturas y horas de un profesor.

Los datos recogidos en dos tablas son los siguientes:

■ TABLA 1: DATOS_PROFESOR.
   DATOS_PROFESOR (cód_profesor, profesor, asignatura, cód_asignatura)
■ TABLA 2: HORAS_ASIGNATURAS.
   HORAS_ASIGNATURAS (cód_ asignaturas, asignaturas, horas_semanales).

CÓD_PROFESOR	PROFESOR	ASIGNATURA	CÓD_ASIGNATURA
1	JUAN	MATEMÁTICAS	0001A
2	MANUEL	LENGUA	0002A
3	ANA	INFORMÁTICA	0003A
4	LAURA	INGLÉS	0004A

Tabla 1: contiene los datos del profesor y asignatura para una base de datos con modelo relacional.

CÓD_ASIGNATURA	ASIGNATURA	HORAS SEMANALES
0001A	MATEMÁTICAS	10
0002A	LENGUA	5
0003A	INFORMÁTICA	5
0004A	INGLÉS	6

Tabla 2: contiene los datos de la asignatura y las horas que se imparte.

A continuación, en otro ejemplo se muestra cómo se representarían los datos en una base de datos relacional para el control de una revista y la cantidad de números de esa revista que se venden mensualmente.

 Nota

A la hora de elaborar una base de datos relacionales hay que seguir un orden estricto para evitar los errores por cruces de datos incorrectos.

Los datos recogidos en dos tablas son los siguientes:

- TABLA 1: DATOS_REVISTA
  DATOS_REVISTA (cód_revista, revista, n°_hojas, anuncios, fecha)
- TABLA 2:VENTA REVISTA
  VENTA_REVISTA (cód_mes, mes, n°_ejemplares, n°_devueltos, n°_ vendidos)
- TABLA 3: DATOS_VENTA
  DATOS_VENTA (cód_mes, cód_revista)

CÓD_REVISTA	REVISTA	N°_HOJAS	ANUNCIOS	FECHA
1	SOLO MODA	49	7	01.04.13
2	CAZA	35	4	01.05.13
3	INFORMÁTICA	60	6	15.04.13
4	CORAZÓN	30	7	01.01.13

Tabla 1: contiene los datos de la revista.

CÓD_MES	MES	N°_EJEMPLARES	N°_DEVUEL	N°_VEND
001	ENERO	100	7	01.04.13
002	FEBRERO	70	4	01.05.13
003	MARZO	50	6	15.04.13
004	ABRIL	100	7	01.01.13

Tabla 2: contiene los datos relacionados con las ventas de la revista.

CÓD_REVISTA	CÓD_MES
1	001
2	002
3	003
4	004

Tabla 3: contiene los datos que relacionan la revista con las ventas.

Otra vista distinta es la que se realiza desde un sistema gestor de bases de datos, donde la forma de mostrar las tablas es la que se detalla a continuación.

 Recuerde

Desde un sistema gestor de bases de datos, las tablas se organizan de una manera diferente.

Se tomará como ejemplo un banco que desea llevar el control de sus clientes, de sus cuentas bancarias y de sus préstamos.

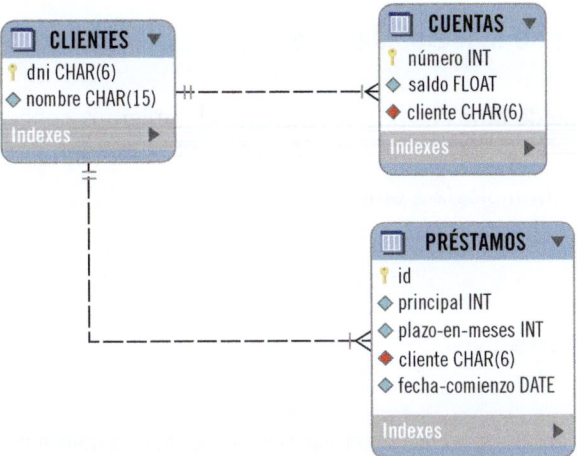

Representación de las tablas para una base de datos relacional de un banco desde el punto de vista de un programa para diseño de bases de datos

 ## Aplicación práctica

Imagine que va a elaborar una base de datos relacional, la cual contendrá 3 tablas:

   TABLA_1: Cód_usuario, nombre y apellidos
   TABLA_2: Cód_usuario, cód_ asignatura y asignatura
   TABLA_3: Cód_asignatura y número de horas

¿Cuáles son los campos clave que enlazarán las tres tablas?

SOLUCIÓN

Los campos clave de enlace entre las 3 tablas serán el cód_usuario y el cód_asignatura, puesto que estarán compuestos por un código único para cada relación de datos contenidos en las tablas. Entre la tabla 1 y tabla 2 será cód_usuario y entre la tabla 2 y la tabla 3 será cód_asignatura.

3. Concepto de modelos de datos

Un **modelo de datos** es un conjunto de herramientas conceptuales que permiten describir los datos, sus relaciones, límites de integridad que les afectan, así como la terminología a emplear.

 Importante

Todo ello en función de las reglas y mecanismos utilizados para transformar la información obtenida del mundo real en datos estructurados.

3.1. Funciones y sublenguajes (DDL , DML Y DCL)

Un **Sistema Gestor de Base de Datos (SGBD)** es un conjunto de programas de propósito general, que facilita la definición, construcción y manipulación de las bases de datos.

Los usuarios de un SGBD pueden tener distintos permisos o privilegios, por lo que debe contarse con lenguajes e interfaces a distintos niveles. Los sistemas gestores de bases de datos relacionales incluyen dos tipos de lenguajes:

- **Lenguaje de definición de datos** *(DDL: Data Definition Language):* lenguaje que ayudará a definir la estructura y los componentes, tablas, atributos y restricciones de la base de datos. Del mismo modo, también permite incluir restricciones de seguridad y definir vistas, mediante un subconjunto de instrucciones.
- **Lenguaje de manipulación de datos** *(DML: Data Manipulation Language):* lenguaje que ayudará a la manipulación de los datos, pudiendo ser utilizado para realizar consultas y modificaciones en la base de datos. Este tipo de lenguaje se puede clasificar en dos tipos:

■ **Procedimentales:** el usuario debe indicar las operaciones a realizar y la secuencia en la que se llevan a cabo.

■ **No procedimentales:** El usuario se limita a describir datos y a efectuar consultas, sin indicar el modo en el cual se realizarán. El DML no procedimental suele ser más fácil de utilizar para los usuarios, ya que no necesitan especificar la forma de obtener los datos. Por otro lado, puede que el código que se genere no sea tan eficiente como en los procedimentales.

■ **Lenguaje de control de datos** *(DCL: Data Control Language):* lenguaje que se utiliza para la creación y administración de permisos de usuarios dentro de las bases de datos.

DDL	CREAR TABLAS
	MODIFICAR TABLAS
	ELIMINAR TABLAS
DML	INSERTAR DATOS
	MODIFICAR DATOS
	ELIMINAR DATOS
	CONSULTAR DATOS
DCL	CREAR USUARIOS
	DAR PERMISOS A LOS USUARIOS
	QUITAR PERMISOS A LOS USUARIOS

Tabla resumen de las operaciones de cada tipo

Sabía que...

Una consulta es una sentencia mediante la cual se solicita información de la base de datos a través de un lenguaje como DML.

Actividades

2. Para realizar una consulta en una base de datos, ¿qué tipo de lenguaje utilizaría, de manipulación de datos o de definición de datos?

3.2. Clasificación de los diferentes tipos de modelos de datos de acuerdo al nivel de abstracción

Una base de datos con una buena arquitectura debe permitir su utilización en distintas máquinas con distintos sistemas operativos, es decir, admitir la portabilidad. Otro de los objetivos es la abstracción de datos, lo que significa dar a los usuarios una visión abstracta de los datos, es decir, una visualización de los datos, pero no el conocimiento de la estructura interna.

Recuerde

La abstracción de datos consiste en proporcionar a los usuarios una visión abstracta de los datos, lo cual no implica que haya que mostrar ni conocer la estructura interna.

Por lo tanto, el SGBD debe ocultar los detalles de almacenamiento y manejo ofreciendo estructuras de datos eficientes para un buen rendimiento. Por ello, la arquitectura **ANSI/SPARC** permite ver una base de datos dividida en tres niveles de abstracción:

- **Nivel físico (Interno):** nivel más bajo y exhaustivo. Trata de los detalles del almacenamiento real.
- **Nivel lógico:** nivel que describe la información guardada y las relaciones de la información almacenada. La definición de estructuras de datos a este nivel puede suponer la creación de estructuras complejas a nivel físico.

- **Nivel de visión (Externo):** nivel de abstracción más alto, describe solo una parte de la base de datos puesto que es la que se muestra el usuario. También conocido como nivel conceptual.

Niveles de abstracción de una base de datos

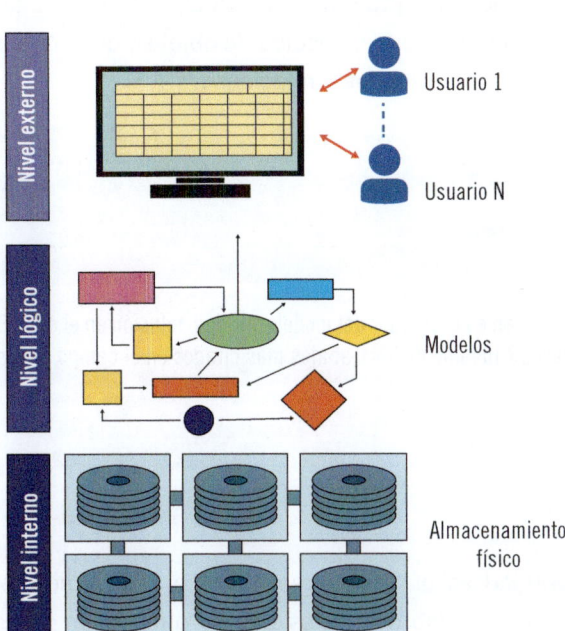

Actividades

3. ¿Cuál es el nivel de abstracción cuando se visualiza una consulta?

Modelos de datos conceptuales

Los modelos de datos conceptuales se utilizan para la descripción de los datos en el nivel conceptual o de visión, dando lugar a una estructura flexible.

Existen dos modelos dentro de esta tipología, los cuales se describirán a continuación: el modelo entidad-relación y el modelo orientado a objetos.

Modelo entidad-relación

Es el modelo conceptual más utilizado, basado en una percepción del mundo real mediante una colección de objetos, que como su nombre indica, se denominan **entidades y relaciones.**

Sabía que...

Peter Pin-Shan Chen es el creador del modelo entidad-relación en el año 1976. Su artículo sobre el modelo ER fue uno de los trabajos más citados en el campo de las ciencias de la computación.

Una **entidad** es un objeto real sobre el cual quiere almacenarse información. Estos distintos datos que se almacenan sobre este objeto o entidad se denominan **atributos.**

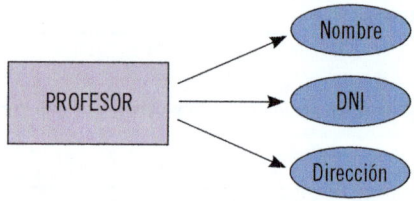

Ejemplo de una entidad (Profesor) y sus atributos (DNI, Nombre, Dirección)

La **cardinalidad** de una relación es el número máximo de ocurrencias entre las distintas entidades que se relacionan. Pueden existir distintos tipos como son:

■ **Relación 1-1:** una instancia de una entidad se relaciona únicamente con otra instancia de otra entidad.

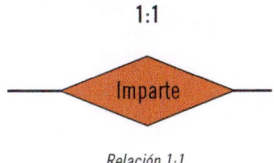

Relación 1:1

■ **Relación 1-N o N-1:** relación de un valor de una entidad con muchos valores de otra.

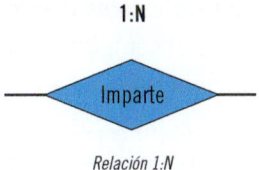

Relación 1:N

■ **Relación N-M:** relación de un valor de una entidad con muchos de otra y viceversa. En ambas direcciones.

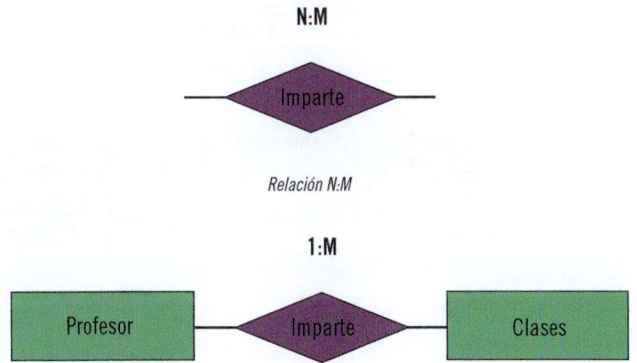

Relación N:M

Ejemplo entidad-relación con una relación de 1 a muchos, lo que quiere decir que un profesor puede impartir muchas clases, pero una clase solo puede ser impartida por un único profesor.

Cuando se utiliza este modelo gestionando la información, se está intentando plasmar una parte del mundo real en una serie de tablas, registros y campos.

Nota

Antes de crear físicamente el modelo entidad-relación se diseñará el modelo de datos.

Modelo orientado a objetos

Como su nombre indica, se basa en una colección de objetos, donde cada objeto se caracteriza por tener un estado y un comportamiento. El estado viene dado por los valores que toma un conjunto de propiedades o variables de instancia y el comportamiento se realiza a través de una serie de operaciones o funciones que se aplican sobre el objeto y se denominan "métodos". Mediante los métodos es como únicamente un objeto puede acceder a los datos, se denomina "envío de mensajes al objeto".

Ejemplo de una clase en un modelo orientado a objetos

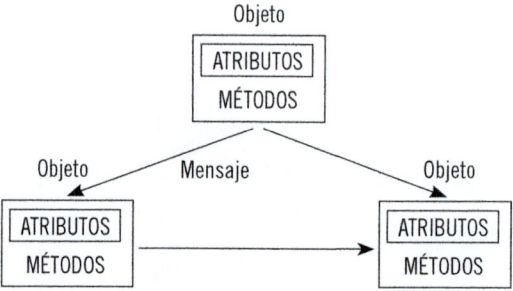

Sabía que...

En el modelo orientado a objetos cada objeto tiene su propia entidad que se denota por un identificador del objeto, a diferencia del modelo entidad-relación.

Todos los objetos que tienen las mismas propiedades se agrupan en clases y estas clases se organizan en un diagrama, donde las clases pueden estar relacionadas.

Actividades

4. Busque más datos sobre el modelo relacional y explique por qué es el más utilizado en el nivel lógico.
5. ¿Cómo se denominan las operaciones que se realizan sobre un objeto en el modelo orientado a objetos?
6. Investigue sobre el recorrido profesional de Peter Chen.

4. Modelos de datos lógicos

Los modelos de datos lógicos o basados en registros se denominan así porque la base de datos está estructurada en registros de formato fijo de varios tipos.

Los tres modelos de datos lógicos más extendidos son el modelo en red, el modelo jerárquico y el modelo relacional.

4.1. Modelo en red

Fue propuesto por el grupo de trabajo sobre bases de datos del Comité COBOL. En un modelo en red un **nodo** puede tener varios padres, definiendo padres como un conjunto de registros conectados entre sí. Es más general que una jerarquía, porque un nodo tiene un número indefinido de superiores. Las relaciones entre los nodos se llevan a cabo mediante arcos o lazos, a veces pueden verse como punteros. Este modelo permite representar cualquier tipo de relaciones incluyendo las N:M (muchos a muchos) y las reflexivas.

La organización de los registros se realiza mediante una serie de grafos que conectan registros relacionados.

Ejemplo de modelo en red, representación de registros con estructura grafo

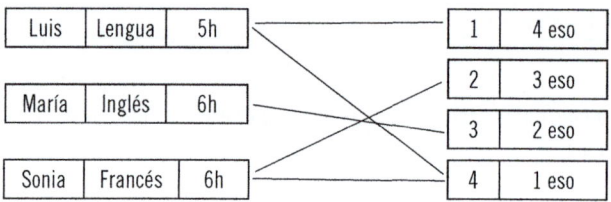

Sabía que...

El comité COBOL estaba compuesto por un grupo de investigados de la industria privada, la universidad y el gobierno en la segunda mitad de 1959.

Definición

Nodo
Es la unidad sobre la cual se construyen los árboles y modelos. Estos suelen contener información.

Grafo
Estructura formada por un conjunto de vértices o nodos y un conjunto de aristas. Los vértices son objetos que contienen información y las aristas son conexiones entre los vértices.

Con esta estructura los inconvenientes que pueden surgir son los siguientes:

- Complejidad entre los enlaces o instancias cuando se almacena gran cantidad de datos. Es decir, si existen muchos datos relacionados, su complejidad puede ser tan alta que no llegue a ser muy operativo.
- Hostilidad de los lenguajes de programación y control de las bases de datos, esto es, pueden existir problemas en la comunicación entre los lenguajes de programación y las bases de datos.

 ## Aplicación práctica

Usted cuenta con los siguientes datos:

Cód_usuario, nombre, apellidos, cód_asignatura, asignatura, lugar.
Cuya lectura es la siguiente:
10: Juan Martínez: Lengua en el Aula 7
10: Juan Martínez: Lengua en Aula 10

¿Cómo los representaría siguiendo el modelo de datos en RED?

SOLUCIÓN

La representación se hace teniendo en cuenta que el profesor Juan imparte solamente lengua en dos aulas distintas.

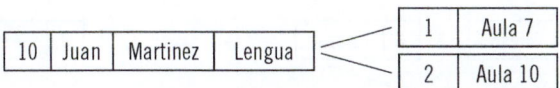

Importante

El modelo en red fue una gran mejora ente el modelo jerárquico, puesto que ofrecía una solución a la redundancia de los datos que el modelo jerárquico no podía solventar.

4.2. Modelo jerárquico

El modelo jerárquico se asimila mucho al modelo en red, puesto que los datos y las relaciones se representan mediante registros y enlaces.

Utiliza árboles para la representación lógica de los datos, compuestos por una jerarquía de elementos denominados "nodos" que representan un registro conceptual llamado **segmento,** el cual estará compuesto por **campos.**

Ejemplo de modelo jerárquico, representación de registros con estructura árbol

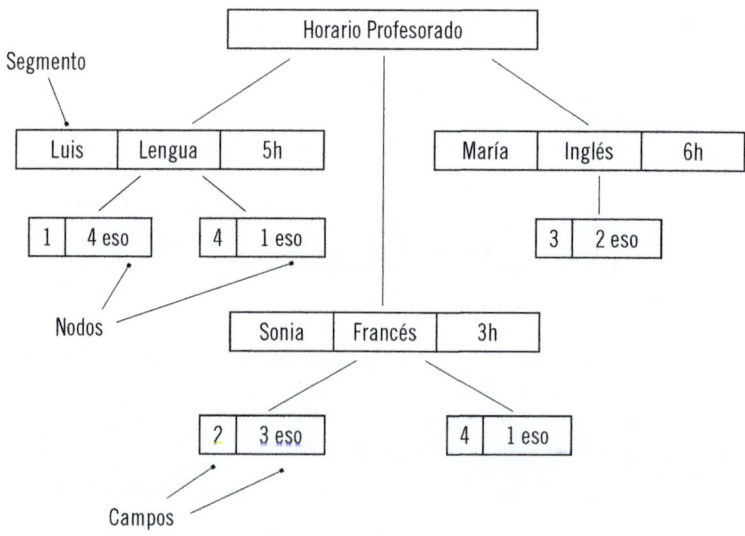

Sabía que...

La representación del modelo jerárquico se realiza mediante árboles. En estos árboles existe una característica y es que los nodos hijos solo podrán tener un nodo padre.

Al igual que el modelo en red, puede presentar inconvenientes como estos:

- Si la información almacenada es mucha, se convierte en inmanejable.
- Falta flexibilidad para crear registros de tamaño variable.
- Cardinalidad, la cual limita e indica el número de entidades de un conjunto de entidades con la que se puede asociar una entidad de otro conjunto de entidades, solamente de 1:N (uno a muchos).

 Importante

Una de las principales limitaciones que presenta este modelo es el hecho de no poder afrontar eficientemente una situación de redundancia de datos.

 Actividades

7. ¿Cuál es la diferencia entre el modelo jerárquico y el modelo en red?

4.3. Modelo relacional

El modelo relacional se planteó como una alternativa a los modelos anteriores para obtener una mayor flexibilidad y rigor en el tratamiento de los datos. **El modelo relacional está formado por tablas donde se representan los datos y las relaciones.**

 Importante

Una tabla es una lista de valores con un nombre, donde cada valor es una fila o registro compuesto por una o más columnas o campos.

Los conceptos fundamentales de este modelo son:

- **Tabla:** contienen distribuidos los datos y relaciones en dos dimensiones, filas y columnas.
- **Columnas:** contendrán los distintos atributos o campos, que son las partes en las que se desglosará la información de cada registro.
- **Filas:** almacenarán las distintas estancias denominadas "registros", representan un objeto de la vida real del que se almacenan los datos.

Nombre	Asignatura	Horas
Luis	Lengua	5h
María	Inglés	6h
Sonia	Francés	3h

Número	Nombre
1	Luis
4	Luis
2	Sonia
4	Sonia
3	María

Número	Curso
1	4 eso
2	3 eso
3	2 eso
4	1 eso

Ejemplo de modelo relacional, representación de registros con estructura tabla

Otros conceptos a destacar relacionados con las tablas son estos:

- **Claves.** Pudiendo distinguir entre:

  - **Clave primaria o principal:** campo de la tabla que realiza la función de identificador, el cual debe ser único para cada registro.
  - **Clave ajena:** hace referencia a los campos que se añaden a una tabla para que quede constancia de su relación con otra.

- **Relación:** los datos almacenados en las tablas van a estar relacionados entre sí. Las relaciones entre las tablas también disponen de cardinalidad: uno a uno (1:1); uno a muchos (1: N) o muchos a muchos (N: M).

Aplicación práctica

Del siguiente grupo de datos indique cuáles podrían ser claves primarias o principales, así como cuáles serían claves ajenas.

- Tabla 1: nombre, DNI, apellidos, código_asignatura.
- Tabla 2: cód_instituto, localidad, nombre del centro.
- Tabla 3: asignatura, horas, cód_asignatura, cód_ instituto.

SOLUCIÓN

TABLA 1: su clave principal es DNI, puesto que es un código identificativo y único para cada usuario. Su clave ajena sería código_asignatura, puesto que es heredada de la tabla 2.

TABLA 2: su clave principal es cód_instituto, puesto que es la clave que identifica el centro y es único. En esta tabla no hay claves ajenas.

TABLA 3: su clave principal es cód_asignatura, puesto que es la clave que identifica la asignatura que imparte y es único. La clave ajena sería cód_instituto heredada de la tabla 2.

5. Modelos de datos físicos

El nivel físico es el más bajo de los distintos niveles y **donde se encuentran almacenados los datos.**

No es nada fácil realizar el proceso de crear una base de datos, puesto que se comprende desde el análisis del problema hasta la implementación física en un DMS *(DataBase Manager/Management System)*. El manejador de bases de datos (DMS) consiste en un conjunto de datos interrelacionados y en todos los programas de acceso.

Los tipos de organización más destacados del nivel físico son los árboles B y B+, las tablas Hash y el montículo o Heap.

Importante

La disposición física de datos en registros dentro del archivo es la "organización de archivo". El método de acceso es el proceso para almacenar y recuperar los registros.

5.1. Árboles B

Los árboles B fueron definidos por *Bayer* y *McCreight*. Estos árboles se caracterizan porque sus nodos pueden tener múltiples hijos. Su objetivo no es otro que agrupar en cada nodo más de un elemento para que el acceso a un elemento se realice visitando el menor número de nodos.

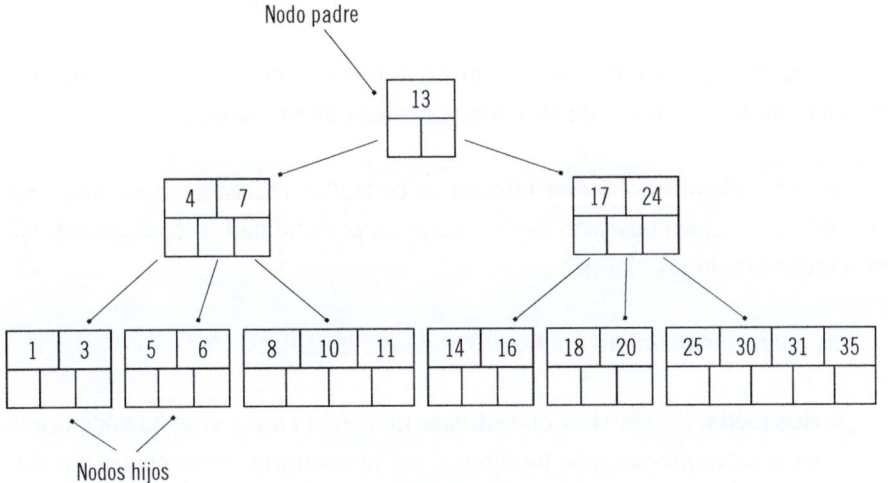

Ejemplo de un árbol B. Se utilizan principalmente para la gestión de los índices en bases de datos, siendo la organización estándar para BD.

Sabía que...

Bayer y McCreight, que trabajaban en *Boeing Scientific Research Labs* fueron los creadores de los árboles B. En 1972 publicaron un interesante artículo sobre ellos.

Nota

La ventaja de este tipo de árbol radica en los métodos de insertar y borrar, puesto que siempre dejan el árbol balanceado.

Un parámetro muy importante en los árboles B es el orden, puesto que indica el número máximo de ramas que cuelgan de un nodo.

La profundidad es el mayor número de consultas realizadas para encontrar el nodo con la clave buscada. Si se recorre en profundidad, proporcionará una lista ordenada de las claves.

Las operaciones dentro un árbol B son las siguientes:

- **Búsqueda:** primero hay que situarse en el nodo raíz y si se ha encontrado ya la clave buscada, se termina; si por el contrario, no se encuentra ahí, se selecciona de entre los hijos el que se sitúe entre el de mayor y menor valor de la clave buscada y así se repetirá el proceso hasta encontrarla. Si se llega a una hoja y no se puede continuar, es que la clave no se encuentra en el árbol.

- **Inserción:** las claves nuevas que se insertan siempre van como nodos hojas. No pueden existir elementos repetidos. Por lo tanto, los pasos consisten primero en buscar la clave a insertar, a continuación, si está llena la página se divide en dos páginas del mismo nivel y si hay lugar se inserta y se actualiza la cuenta.

Ejemplo de inserción clave 15 en árbol B

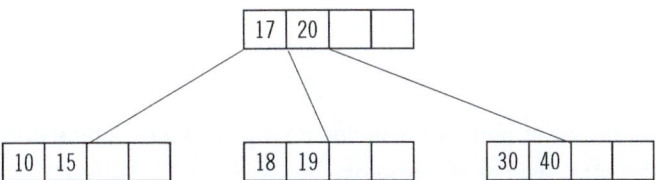

- **Borrado:** muy parecido a la inserción, pero ahora en lugar de realizar divisiones se realizan uniones. El principal problema es que la clave puede estar en cualquier lugar del árbol, por lo tanto, si se encuentra no como hoja sino en el interior, se intercambia primero con el sucesor para que quede como hoja y se pueda borrar.

Ejemplo de borrado clave 18 en árbol B

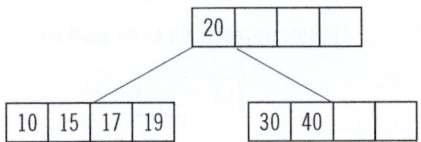

5.2. Árboles B+

Los **árboles B+** son muy similares a los árboles B, pero estos tienen sus claves en el índice y en las hojas, existiendo un puntero a la próxima página. Están formados por dos partes:

- **Índice:** nodos interiores.
- **Secuencia:** páginas hoja enlazadas secuencialmente.

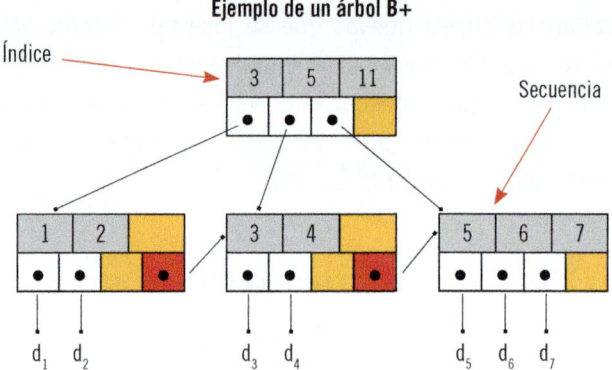

Ejemplo de un árbol B+

Se caracterizan porque los nodos hoja y los nodos índice pueden tener distintos tamaños, así como formatos.

Las operaciones de inserción y búsqueda de los árboles B+ y los árboles B son muy similares, la diferencia reside en que las operaciones de búsqueda en los árboles B+ no se detienen si encuentran una clave en el índice igual que el valor buscado, sino que continúan hasta que llegan a un nodo hoja.

Para la eliminación, el árbol B+ puede dejar los valores sin clave en la parte de índices. La clave que se desea eliminar siempre debe estar en una hoja, simplificando así su eliminación.

Ejemplo de inserción en un árbol B+

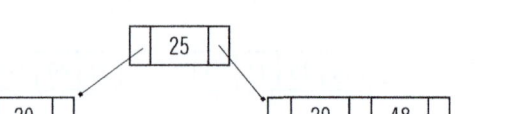

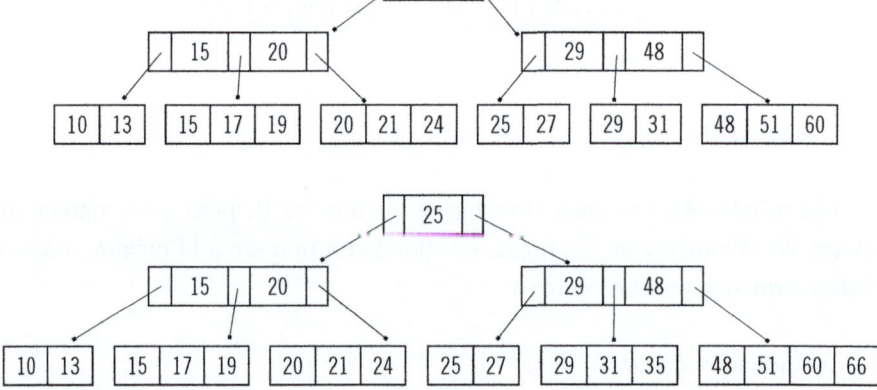

Ejemplo de eliminación en un árbol B+

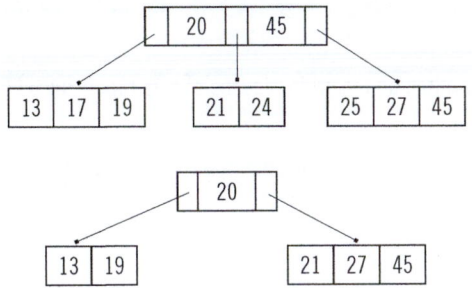

 Aplicación práctica

Dibujar cómo haría una inserción del nodo 4 en el siguiente árbol B e indicar los pasos que sigue.

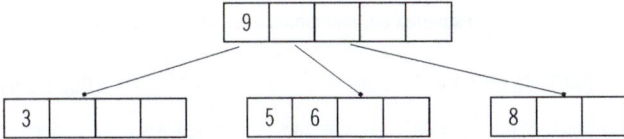

SOLUCIÓN

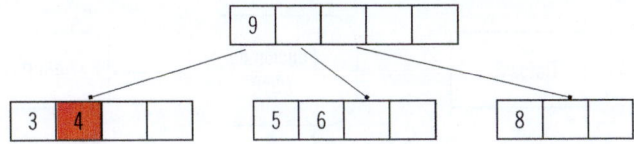

Inserción: las claves nuevas que se insertan siempre van como nodos hojas. No pueden existir elementos repetidos. Por lo tanto, los pasos son los siguientes: primero se busca la clave a insertar. En caso de estar llena la página, se divide en dos páginas del mismo nivel, si hay lugar se inserta y actualiza la cuenta.

Importante

Los árboles B+ permiten un recorrido secuencial más rápido que el B.

5.3. Tablas Hash

Una tabla Hash es una estructura a cuyos elementos almacenados se puede acceder de forma directa mediante una clave generada como un resumen o función *(Hash)* de parte de los propios datos. Se suelen implementar con *arrays,* entendiendo por *array* un medio para guardar un conjunto de elementos de una misma clase accediendo a cada elemento que contiene a través de un índice, de una dimensión.

Esquema del funcionamiento de una tabla flash

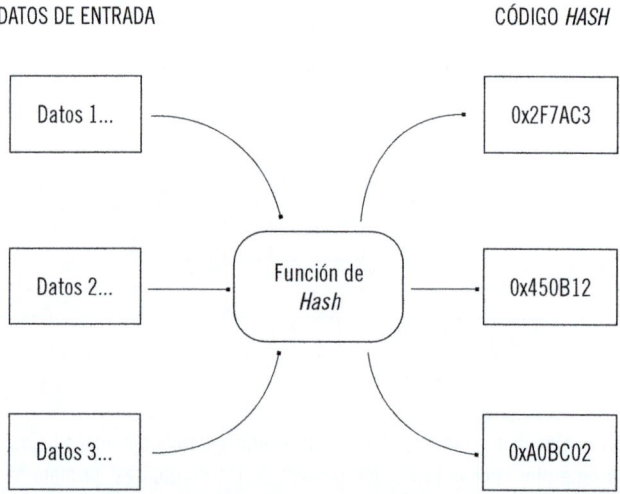

 Nota

Hash es un término tomado de la lengua inglesa, significa resumen criptográfico. *Array,* también del inglés, significa variedad, surtido o matriz.

Una tabla *Hash* está formada por:

- Una estructura de acceso directo *(array).*
- Una estructura de datos con una clave.
- Una función *(Hash)* cuyo dominio sea el espacio de claves y su imagen, los números naturales.

Ejemplo de proceso de una Tabla *Hash* y las distintas partes

Función *Hash*	Array	Estructura de datos con clave

```
hash("Pepe") = 20
hash("Carla") = 4
hash("Alberto") = 15
hash("Lucía") = 16
hash("Pedro") = 2
hash("Lara") = 10
```

#	Array		Clave	Dato
1				
2	Pedro	→	10	Mayo 2103
3				
4	Carla	→	21	9 de Julio 330
5				
6				
7				
8				
9				
10	Lara	→	35	Lugones 1410
11				
12				
13				
14				
15	Alberto	→	25	Illia 5030
16	Lucía	→	40	Urquiza 3455
17				
18				
19				
20	Pepe	→	22	Peiper s/n

Importante

El problema fundamental es la elección de la transformación o función *Hash* que se ha de usar, puesto que esto determinará que sea más eficiente o no el proceso.

Las operaciones principales para una tabla *Hash* son las siguientes:

- **Almacenamiento de datos:** primero la clave del elemento se convierte en un número, aplicando la función resumen a la clave del elemento. Segundo, el resultado de la función resumen se pasará al espacio de direcciones de array, obteniendo un índice válido. Por último, el elemento se almacena en la posición de la tabla.
- **Recuperación de datos:** primero se conoce la clave del elemento a la cual se le aplica la función *Hash.* Segundo, el valor se mapea o rastrea en el espacio de direcciones y, por último, si el elemento existe en la posición indicada en el espacio anterior, es el deseado o buscado. Si no es, se aplicará la técnica para resolver las colisiones de almacenamiento.

Actividades

8. ¿Cuál es el problema fundamental ante la utilización de la Tabla *Hash?*

5.4. Montículo *(Heap)*

Un **montículo *(Heap)*** es un árbol binario, el cual está parcialmente ordenado y casi completo. Fue propuesto por Robert W. Floyd. Cumple la premisa de que ningún padre tendrá un hijo mayor (montículo de máximos) o menor (montículo de mínimos). Sus registros se colocan en el mismo orden en que se insertan.

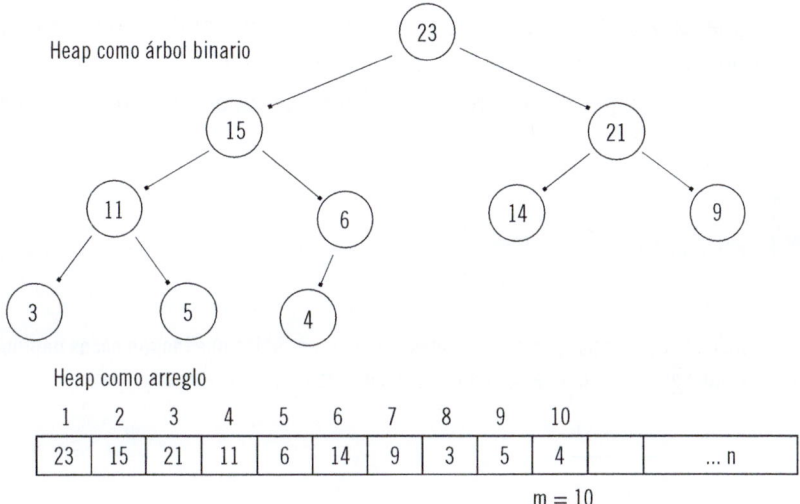

Ejemplo de un móntículo o Heap como árbol binario y como vector. Nota: Heap como arreglo se refiere a la representación en el vector del árbol.

 Importante

Aunque de forma conceptual se esboza como un árbol, este se encuentra implementado sobre un vector.

Las operaciones más comunes en el montículo son las siguientes:

- **Añadir:** para añadir un nuevo elemento al montículo, primero se debe colocar el elemento en el nivel más bajo y lo más a la derecha posible. En segundo lugar, se comprobará si el nuevo elemento es menor que su padre y si es así se intercambiará, repitiendo este proceso hasta llegar a la raíz o encontrar el padre que sea mayor o igual.

■ **Eliminar:** cuando se va a proceder a eliminar un elemento, primero se toma la hoja del nivel más bajo y que esté más a la derecha, la cual se coloca provisionalmente en la raíz. Después, el nuevo elemento raíz se compara con sus hijos si es mayor que ellos y se intercambia con el que sea el menor y menor que él. De esta manera, se va repitiendo el proceso de intercambio hasta que esté en una hoja o sus hijos sean mayores o iguales que el elemento. Esto se realizará cuando se quiera eliminar el mínimo.

 Consejo

Se recomienda utilizar para cargas de datos masivas, en tablas que tengan pocas páginas de longitud o en tablas que tengan un índice o estructura de acceso adicional.

6. Enumeración de las reglas de Codd para un sistema relacional

Preocupado por los productos que decían ser un sistema de base de datos relacional sin serlo, Codd publica un artículo en *Computerworld* en el año 1985, que contiene **12 reglas que debe cumplir un sistema de base de datos relacional** para considerarse auténtico.

Las 12 reglas son las siguientes:

1. **Información:** todos los datos deben estar representados en tablas. Toda la información o datos deben estar incluidos en una tabla.
2. **Regla de acceso garantizado:** todo valor es accesible conociendo la combinación de nombre de tabla, valor de clave primaria y nombre de columna. Se debe poder acceder a cualquier valor sabiendo su ubicación.
3. **Tratamiento sistemático de valores nulos:** debe permitir el tratamiento adecuado de los valores nulos. Requiriendo, por lo tanto, soporte para la falta de datos mediante el uso de NULL. Los valores nulos deben ser tratados correctamente.

4. **Catálogo en línea dinámico basado en el modelo relacional:** los metadatos deben ser accesibles usando un esquema relacional, es decir, los usuarios específicos pueden usar el mismo lenguaje relacional para todos los tipos de datos.

5. **Regla de sublenguaje de datos completo:** debe poder soportar varios lenguajes, así como modos de uso terminal. No solo debe ser funcional para un lenguaje único de programación.

6. **Regla de actualización de vistas:** las vistas deben mostrar la última información contenida, por lo tanto, deben ser actualizables por el sistema. Las vistas de la base de datos deben estar siempre actualizadas con los últimos datos de la base de datos.

7. **Inserción, actualización y supresiones de alto nivel:** capacidad de operar con una relación de base de datos, no solamente para la recuperación de datos, también se utiliza para la inserción, supresión y actualización.

8. **Independencia física de los datos:** los programas y actividades terminales no deben verse alterados ante cualquier cambio que se realice para el almacenamiento o métodos de acceso. La estructura de la base de datos, la cual se encuentra en el nivel físico, nunca debe verse alterada por cambios de datos.

9. **Independencia lógica de los datos:** los programas y actividades terminales no deben verse alterados ante cualquier cambio que se realice en las tablas.

10. **Independencia de integridad:** para una base de datos relacional, las restricciones de integridad deben ser definibles y almacenables en el catálogo, no en los programas. Deben, independientemente de los programas, definir unas restricciones para una mayor integridad de la base de datos.

11. **Independencia de distribución:** el sublenguaje de datos debe permitir que sus instrucciones funcionen en otras bases de datos, es decir, habrá independencia de distribución. Las instrucciones deben poder exportarse a otra base de datos sin dar problemas por ser diferente a la base de datos inicial.

12. **Regla de no subversión:** si un sistema tiene un lenguaje de bajo nivel (un registro cada vez) no puede suprimir las reglas de integridad y restricción creadas en un lenguaje de nivel superior (varios registros a la vez). El nivel del lenguaje no debe afectar a las instrucciones creadas en el lenguaje anterior.

*Edgar Codd, creador de las bases de datos relacionales
y de las 12 reglas que deben cumplir para serlo.*

 Actividades

9. ¿Cuál es la finalidad para la que Codd publicó las 12 reglas?

7. Resumen

Las bases de datos relacionales son aquellas que representan los datos y las relaciones entre los datos mediante una colección de tablas, cada una con un nombre único. Estas fueron creadas por Edgar Codd, quien, además, estableció 12 reglas que debían cumplir para poder considerarse realmente bases de datos relacionales.

Existen dos lenguajes como son DDL, lenguaje de definición de datos, y DML, lenguaje de manipulación de datos. Estos lenguajes ayudarán a definir la estructura y los componentes, tablas, atributos y restricciones (DML), así como a la manipulación de los datos para realizar modificaciones y consultas de los distintos datos (DML).

Dentro de una base de datos se encuentran tres niveles de abstracción: nivel físico, es el nivel más bajo y en él pueden encontrarse distintos tipos como árboles B, árboles B+, tablas *Hash* o montículos entre otros; nivel lógico, con el modelo relacional, el modelo en red y el modelo jerárquico; y el nivel más alto, el nivel de visualización, donde se encuentran modelos como el de entidad- relación o el modelo orientado a objetos.

En estos tres niveles se encuentran los distintos niveles de datos que darán lugar al correcto funcionamiento de las bases de datos relacionales.

Ejercicios de repaso y autoevaluación

1. ¿Qué se considera una base de datos relacionales?

_____
_____
_____
_____

2. De las siguientes afirmaciones, indique cuál es verdadera o falsa.

 a. El lenguaje de definición de datos tiene como siglas DDL.

   ☐ Verdadero
   ☐ Falso

 b. El lenguaje de manipulación de datos tiene como siglas DDL.

   ☐ Verdadero
   ☐ Falso

3. Indique las principales operaciones para el lenguaje de manipulación de datos:

 a. MODIFICACIÓN DE TABLAS.
 b. ELIMINACIÓN DE DATOS.
 c. INSERCIÓN DE DATOS.
 d. VISUALIZACIÓN DE TABLAS.
 e. CONSULTAR DATOS.

4. Marque la respuesta correcta. El nivel de abstracción más bajo es:

 a. Nivel lógico
 b. Nivel físico
 c. Nivel de visión
 d. Todas las opciones son incorrectas.

5. ¿Cuáles son los distintos niveles de abstracción?

_____

_____

6. Indique cuál de las siguientes definiciones atiende al significado de "entidad":

    a. Característica del modelo en red.
    b. Relación entre distintos objetos.
    c. Objeto real sobre el cual se quiere almacenar información.

7. ¿Cuál es la forma de acceder a los datos dentro de un modelo orientado a objetos?

    a. A través de llamadas.
    b. Mediante métodos.
    c. No es posible el acceso.

8. Esboce el modelo jerárquico de los siguientes datos:

    a. Juan es del bachiller de ciencias naturales y tiene Matemáticas y Biología.
    b. María es del bachiller de ciencias sociales y tiene Lengua e Historia.
    c. Sofía es del bachiller tecnológico y tiene Informática y Matemáticas.

_____

_____

_____

_____

9. Complete el siguiente texto.

El modelo relacional esta formado por _____ donde se representan los _____ y _____.

10. ¿Qué definición es la de una clave primaria o principal?

    a. Campo de la tabla que realiza la función de identificador, el cual debe ser único para cada registro.

    b. Hace referencia a los campos que se añaden a una tabla para que quede constancia de su relación con otra.

11. Indique los tipos de organización más destacados en el nivel físico.

_____

_____

12. Observando la siguiente imagen, indique a qué nivel pertenece y qué estructura representa.

Ejemplo de proceso de una Tabla *Hash* y las distintas partes

Función Hash   Array   Estructura de datos con clave

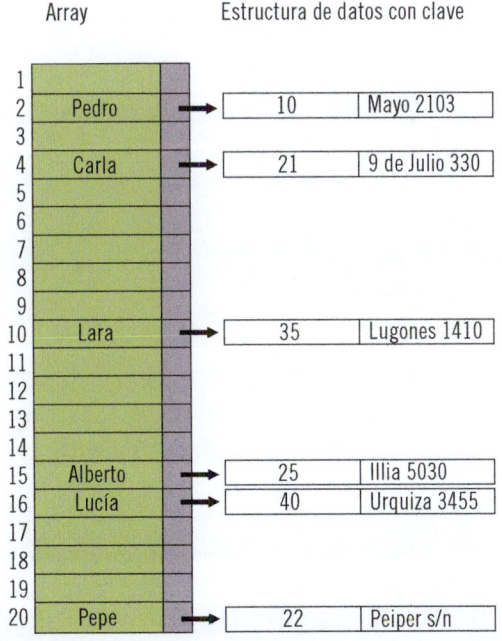

13. ¿Por qué se caracterizan los árboles B+?

    a. Cuentan con muchos nodos.

    b. No tienen nodos, solo una tabla de índices.

    c. Cuentan con nodos hoja y nodos índice.

14. Indique cuáles de las siguientes pertenecen a las reglas de Edgar Codd:

    a. Regla de acceso garantizado.

    b. Inserción y modificación.

    c. Independencia de niveles.

    d. Independencia de distribución.

15. Complete la siguiente frase.

Cuando _____ habla sobre la independencia _____ de los datos se refiere a los _____ y actividades terminales, los cuales no deben verse _____ ante ningún cambio que se realice en las _____.

Capítulo 2

Análisis del modelo relacional y los elementos que lo integran

Contenido

1. Introducción

El modelo relacional fue introducido en 1970 por Codd -quien fallecería en 2003 a los 79 años-, sobre una estructura de datos sencilla y uniforme: la relación. Codd fue quien propuso que los sistemas de datos deberían representarse en estructuras llamadas "relaciones", definidas como un conjunto de tuplas, donde el orden no es importante. Sus preocupaciones se centraron en la parte de consulta, no en la de almacenamiento.

Este modelo es relativamente nuevo y se ha establecido como el principal modelo de datos para aplicaciones comerciales de procesamiento de datos, fundamentalmente debido a que existen en el mercado muchos SGBD (Sistemas Gestores de Base de Datos) relacionales comerciales.

Principalmente, el modelo relacional intenta describir una base de datos mediante un conjunto de predicados y una colección de atributos que describen las distintas restricciones sobre las combinaciones o valores posibles. Su consistencia viene dada por la inclusión de limitaciones añadidas en el diseño de bases de datos, denominado "esquema lógico".

Cabe destacar sobre el modelo relacional que fue el primer modelo de base de datos que se representó con términos matemáticos.

2. Concepto de relaciones y sus propiedades

El modelo relacional representa una base de datos como un conjunto de relaciones, esto es, **tablas,** formadas por filas y columnas. Los nombres de las tablas y columnas ayudan a la interpretación del significado de los valores que se encuentran en las filas de la tabla.

En conclusión, puede afirmarse que una base de datos relacionales es un conjunto de tablas con nombres únicos, en los que las filas representan hechos y las columnas representan propiedades.

La **relación** es el elemento básico del modelo relacional que se puede representar como una tabla formada por filas y columnas. En ella se distingue su nombre, un conjunto de columnas denominadas "atributos" (propiedades de la tabla identificadas por nombre) y un conjunto de filas llamadas "tuplas", las cuales contienen los valores de cada atributo.

Importante

Dentro del modelo relacional, una fila se denomina "tupla", una cabecera de columna es un atributo y una tabla es una relación.

Se **caracteriza,** una vez representada como tabla, por no admitir filas duplicadas; las filas y columnas no están ordenadas y la representación es plana, es decir, en el cruce de una fila y columna solo puede haber un valor.

Ejemplo de una representación del modelo relacional y sus distintos componentes

RELACIÓN ALUMNOS

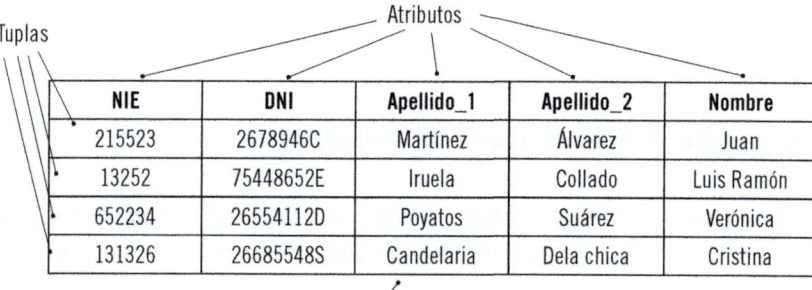

NIE	DNI	Apellido_1	Apellido_2	Nombre
215523	2678946C	Martínez	Álvarez	Juan
13252	75448652E	Iruela	Collado	Luis Ramón
652234	26554112D	Poyatos	Suárez	Verónica
131326	26685548S	Candelaria	Dela chica	Cristina

Registro y sus campos

Actividades

1. ¿Qué diferencia existe entre las tuplas, los atributos y la relación?

2.1. Propiedades de las relaciones

Partiendo de la siguiente tabla o relación denominada "Datos_alumnos" compuesta por tres atributos: Nombre_alumno, DNI_Alumno y Edad_Alumno:

Nombre_Alumno	DNI_ Alumno	Edad_Alumno
María	45678454X	15
Juan	94857685Y	16
Luis	75849384H	14
Sandra	94857839C	15

Relación Datos_Alumnos

Hay dos conceptos fundamentales con las relaciones, los cuales son:

- **Grado de una relación:** viene dado por el número de columnas que forman la tabla.
- **Cardinalidad de una relación:** número de filas que forman parte de cada tabla.

Tomando como ejemplo la relación Datos_Alumnos, su grado de relación sería igual a 3 y su cardinalidad sería igual a 4.

Las relaciones pueden clasificarse en los siguientes grupos y subgrupos:

- **Nominadas,** que a su vez se clasifican en:

  - **Persistentes:** aquellas relaciones cuya definición o esquema de relación permanece en la base de datos, borrándose solamente mediante una acción explícita del usuario.
  - **Temporales:** desaparece de la base de datos en un cierto momento, sin necesidad de realizar ninguna acción explícita.

- **Relaciones sin nombre:** resultados de consultas que no se materializan, sino que entregan al usuario que ha realizado la consulta.

Importante

Un esquema relacional se representará por R (A1,A2, ..., An) .

Para la representación del esquema relacional, debe tenerse en cuenta que se encuentra formado por los siguientes elementos:

- **R:** el nombre de la relación.
- **A1, A2, ..., An:** un conjunto de atributos que contiene la relación.

Tomando como ejemplo la tabla anterior, el esquema de relación para una relación de grado 3 que contiene los datos de los alumnos sería la siguiente:

> **Datos_Alumnos (Nombre_Alumno, DNI_Alumno, Edad_Alumno)**

El **dominio** es un conjunto de valores invisibles, el cual indica los valores que pueden ser asumidos por una columna de una relación.

Ejemplo

"Edad_Alumno" es un dominio numérico.

Pueden ser de dos tipos:

■ **Dominio predefinido:** son los tipos de datos que proporcionan los lenguajes de bases de datos.
■ **Dominio definido por el usuario:** tipos de datos que definen los usuarios indicando el nombre del dominio y los valores que forman parte de él.

 Actividades

2. ¿Cómo se puede definir el dominio de una relación? ¿Es único para toda la tabla o relación?

Cardinalidad

Los conjuntos de relaciones suelen tener ciertas restricciones, como por ejemplo el **cardinal de asignación,** el cual limita el número de entidades que se pueden relacionar o asociar con otra entidad de otro conjunto.

 Recuerde

Los tipos de cardinalidad son estos:

❚ Relación 1-1: las entidades se relacionan 1 a 1.
❚ Relación 1-N o N-1: relación de una entidad con muchas de otra.
❚ Relación N-M: en cualquiera de las dos entidades puede haber muchas relaciones.

3. Concepto de claves en el modelo relacional

Los conjuntos de entidades suelen tener un valor que es único para cada uno o para cada conjunto de entidades. A estos tipos de atributos se le denomina **clave,** identificando de forma inequívoca e única cada entidad.

Existen distintos tipos de claves, los cuales se enumeran a continuación:

- **Superclave:** es un subconjunto de los atributos del esquema de una relación, cumple la función de que no haya dos tuplas dentro de la relación con todos sus valores iguales.
  Por ejemplo, el conjunto "Profesor" contiene varios atributos, de los cuales "DNI" y "centro_profesor" son ambos superclave, puesto que permitirán distinguir un profesor de un centro concreto.
- **Clave candidato:** se compone de uno de los atributos que forman una superclave, es decir, si se elimina cualquiera de los atributos que componen la superclave, dará lugar a un conjunto sin ser superclave de la relación.
- **Clave primaria:** clave candidata cuyos valores van a utilizar para identificar tuplas que forman parte de una relación, la cual es, única, no nula y no ambigua. Normalmente es elegida por el diseñador de la base de datos para la identificación de entidades dentro de un conjunto de entidades.
  Por ejemplo, en el conjunto {DNI profesor, nombre} el atributo "DNI_ profesor" es un ejemplo de clave primaria, puesto que es un dato único, no nulo y no ambiguo.
- **Clave alternativa:** es la clave candidata que no es elegida.
  Por ejemplo, en el conjunto{dni, nss, nombre} el atributo nss será la clave alternativa puesto que la clave principal es "DNI", "NSS" sería una clave candidata pero que no es elegida, ya que "NSS" es un código identificativo y único al igual que "DNI".
- **Clave foránea:** se denomina así cuando existe un atributo o conjunto de atributos que no forman la clave primaria, pero sí son clave primaria en otra tabla. Esto permite relacionar tablas o vistas.
  Por ejemplo, en la relación "Profesores" (DNI, NSS, nombre, apellidos, cód_colegio) cód_colegio es una clave foránea heredada de la relación "Colegio" (Cód_colegio, dirección, niveles).

Actividades

3. ¿Qué diferencia existe entre una superclave y una clave primaria?

4. Nociones del álgebra relacional

Las operaciones que componen el modelo relacional van a permitir manipular los datos que se almacenan en una base de datos relacional. Esta manipulación de datos incluye de forma básica dos aspectos: la actualización de los datos (inserción, borrado y modificación) y la consulta de datos.

Según la forma como se van a especificar las consultas, los lenguajes relacionales se clasifican en dos tipos:

- Lenguajes basados en álgebra relacional: **lenguajes procedimentales.**
- Lenguajes basados en el cálculo relacional: **lenguajes declarativos.**

Actividades

4. Investigue qué otros lenguajes procedimentales existen e indique algunos ejemplos.

4.1. Álgebra relacional

El álgebra relacional es un lenguaje que tiene operandos y operadores. Los operandos representan las relaciones y con los operadores permitirán realizar procesos para poder manipular y operar con las relaciones en una base de datos. Las operaciones del álgebra relacional obtienen como resultado una nueva relación, sin cambiar las relaciones originales.

Existen numerosos criterios a la hora de clasificar las operaciones del álgebra relacional, alguna de estas clasificaciones son estas:

1. Según **se puedan definir o no** utilizando otras operaciones:

   ▪ **Operaciones básicas o primitivas:** son aquellas operaciones a partir de las cuales se puede definir el resto. Ejemplo de ello es la unión, diferencia, producto cartesiano, selección y proyección.
   ▪ **Operaciones derivadas:** se pueden definir utilizando operaciones básicas, no van a ser estrictamente necesarias, pero sí útiles para las consultas. Ejemplo de ello es la inserción o combinación.

2. Según el **número de relaciones** que van a tener dos operandos:

   ▪ **Operaciones unarias:** solo van a tener una relación como operando.
   ▪ **Operaciones binarias:** tienen dos relaciones como operandos.

3. Según **se parecen o no** a las operaciones de la teoría de conjuntos:

   ▪ **Operaciones conjuntistas:** las que se parecen a la teoría de conjuntos (unión, intersección, diferencia y producto cartesiano).
   ▪ **Operaciones específicamente relacionales:** el resto de operaciones (selección, proyección y combinación).

 Sabía que...

La teoría de conjuntos define un conjunto como la reunión en un todo de objetos bien definidos y diferenciales entre sí, a los cuales se les llama "elementos" del mismo.

4.2. Operaciones fundamentales del álgebra relacional

Las operaciones fundamentales del álgebra relacional son estas:

- Selección
- Proyección
- Producto cartesiano
- Renombrar
- Unión
- Diferencia de conjuntos

Selección

Esta operación unaria consiste en seleccionar tuplas (filas) que satisfacen una condición determinada. Se representa la operación de selección mediante la letra griega **sigma (σ).**

 Ejemplo

Para representar una selección de los profesores cuya especialidad es informática, se realizaría de la siguiente manera:

σ PROFE_ESPECIALI= "INFORMÁTICA" (ESPECIALIDAD)

Si se desea representar una selección para profesores cuya especialidad es la informática y que sean mayores de 30 años, se realizaría así:

σ PROFE_ESPECIALI= "INFORMÁTICA"^EDAD>30 (ESPECIALIDAD)

Se pueden utilizar en la condición los operadores relacionales (<,>, <=,>=) y los conectores lógicos (^) y/ o (v).

Proyección

Esta es una operación unaria que permite tomar un conjunto de atributos (columnas) de una relación. Puesto que la relación es un conjunto, devolvería todas las filas duplicadas. La proyección se denota con la letra griega «pi» (π) y los atributos que se desean tener se colocan como subíndice de la **letra pi.**

Ejemplo

Para conocer el nombre y el teléfono de todos los profesores de informática se representaría de la siguiente manera:

$$\pi \text{ NOMBRE\_PROF,TELÉFONO\_PROF (PROFESORES)}$$

Producto cartesiano

Esta operación binaria obtiene una nueva relación, que contiene elementos combinados de ambas relaciones. El resultado de la operación tendrá tantas columnas como la suma del número de columnas de cada relación y las tuplas se obtendrán mediante la combinación de todas las tuplas de las relaciones que participan en la operación. Se representa la operación de producto cartesiano con una **equis (X).**

Nota

A la hora de realizar la operación de producto cartesiano, hay que tener en cuenta que puede generarse un resultado bastante grande.

Ejemplo

La representación para conocer los datos del profesor y la especialidad sería la siguiente:

PROF_DATOS X PROF_ESPECIALIDAD

Renombrar

A veces, cuando en una consulta aparece varias veces la misma relación puede crearse cierta ambigüedad, lo cual es conveniente evitar y solucionar.

La forma de solucionarlo es renombrando, lo cual se haría mediante el operador "renombrar" (p). La expresión que se utilizaría sería «px(R)» devolviendo la relación «R» con el nombre «X». Así se evita la ambigüedad.

Ejemplo

Selección de los profesores que llevan el nombre Juan, evitando que exista ambigüedad, renombrando profesores en profesores2.

πprofesores.nombre_prof (σprofesores2.nombre_prof = profesores.nombre_prof(profesores x

pprofesores2 (πnombre_prof(σnombre_prof = "Juan"(profesores))))

Unión

Esta operación binaria muestra el resultado de la unión de los elementos de dos relaciones. Estas dos relaciones deben ser compatibles, es decir:

- Deben tener el mismo número de atributos.
- Los dominios de los atributos deben ser compatibles.

Se representa la operación de unión con la letra **u (U).**

Ejemplo

Si hay una tabla de profesores y otra de colaboradores, donde los profesores y colaboradores pueden ser los mismos y se desea averiguar cuáles están en ambos grupos, se llevará a cabo de la siguiente forma a través de una unión de tablas.

$$\pi \text{ NOMBRE\_PROF(PROFESORES)}$$

$$U$$

$$\pi \text{ NOMBRE\_COL(COLABORADORES)}$$

Diferencia de conjuntos

Esta operación binaria permite encontrar las tuplas que estén en una relación pero no estén en otra. Las relaciones implicadas deben ser compatibles. Se representa mediante el símbolo de **menos (-).**

Actividades

5. Indague y busque información sobre las distintas operaciones descritas, así como de la combinación entre ellas.

Ejemplo

Siguiendo con el ejemplo anterior de profesores y colaboradores, para saber qué profesores NO son colaboradores, se realizaría la siguiente operación:

$$\pi \ \text{NOMBRE\_PROF (PROFESORES)}$$

$$-$$

$$\pi \ \text{NOMBRE\_COL (COLABORADORES)}$$

5. Nociones de cálculo relacional de tuplas para poder resolver ejercicios prácticos básicos

El cálculo relacional es un lenguaje no procedimental, en el cual se escribe una expresión donde se declara e indican los datos que se desean recuperar.

Importante

El cálculo relacional, en comparación con el álgebra relacional, el cual está basado en la utilización de procedimientos, va a ofrecer una notación que permite formular la definición de una relación, donde están los datos que responden a la consulta en términos de las relaciones almacenadas, es decir, se va a indicar qué es lo que se quiere y cómo se quiere.

El cálculo relacional de tuplas se basa en construir expresiones en las cuales se pueden indicar una o más variables de tuplas. Cada variable se asocia a un valor con una relación de una base de datos, lo que implica que pueda tomar el valor de cualquier tupla individual de la relación.

La **sintaxis** utilizada para la representación de una consulta en el cálculo relacional de tuplas es esta:

$$\{\ t\ |\ P(t)\}$$

Donde «t» será el conjunto de todas las tuplas y «P» el predicado o fórmula solicitada. El resultado es el conjunto de tuplas «t» que verifican el predicado "p(t)". Para referirse a un atributo «A» de una relación «t» se usará la sintaxis "t[A]".

Ejemplo

La fórmula para conocer todos los institutos existentes en Almería se escribiría de la siguiente manera:

{t lt E centros t(ciudad)= "Almería"}

"P (t)" es una fórmula en la que aparecen variables ligadas o libres de tuplas. Puede utilizarse el cuantificador existencial (∃) y el cuantificador universal (∀) como variables ligadas.

Se llama **cuantificador existencial** porque una fórmula (∃t)(F) será verdadera si existe una tupla "t" que hace que "F" sea verdadera.

Se denomina **cuantificador universal** porque una fórmula (∀t)(F) es verdadera si todas las tuplas que pueden sustituir a "t" hacen que "F" sea verdadera.

Ejemplo

1. Consulta: "Nombres de profesores que imparten Informática"

PX= PROFESOR
DX= DOCENCIA
{PX.nombre | PX E PROFESOR and (∃DX) (DX E DOCENCIA and DX.cod_asig= 'INFORMÁTICA ')}

Aplicación práctica

Desea realizar la siguiente consulta:

▪ **Obtener los nombres de profesores que imparten la asignatura "Base de datos" dentro del departamento de informática.**

**PX= PROFESOR
DX= DEPARTAMENTO
AX= ASIGNATURA**

¿Cómo lo haría?

SOLUCIÓN

{PX.nombre_p | PX ∃ PROFESOR and (∃DX) (DX ∃ DEPARTAMENTO and DX.nombre_d= "Informática ") and ((∃AX) (AX E ASIGNATURA and AX.nombre_a= "Base de Datos")}

6. Nociones de cálculo relacional de dominios

El cálculo relacional de dominios, al igual que el anterior, es un lenguaje no procedimental. La diferencia radica en que en este se usan variables que toman valores en el dominio de un atributo en lugar de variables de tupla.

 **Importante**

Lo que se denotaba en el cálculo relacional de tuplas como "t.A1" es ahora en el cálculo relacional de dominios "A1".

La sintaxis utilizada para la representación del cálculo relacional de dominios es la siguiente:

$$\{< x1,\ x2, ..., xn> \mid P (< x1, x2, ..., xn>)\}$$

Siendo (x1, x2,..., xn) los atributos de la tupla.

El cálculo relacional de dominio permite expresar las consultas mediante fórmulas, dónde las variables se interpretan como variantes sobre el dominio del atributo de una relación.

Las variables se encuentran asociadas a los dominios, indicándose como una relación.

Colegio (código de colegio: c, código postal: cp, población: p)

Los predicados se realizarán igual que en el cálculo de tuplas.

Ejemplo

Consulta: "Nombres de profesores que imparten Informática"

Tabla = profesor
Atributos:

Nombre_profesor = n
Asignatura_impartida = a

{<n, a> | (∃ n, a)(<n, a> E profesor and a = "Informática")}

Actividades

6. Busque un ejemplo ya existente sobre el cálculo relacional de dominios y otro de cálculo relacional de tuplas. ¿Qué diferencias existen entre el cálculo relacional de dominios y el de tuplas?

7. Teoría de la normalización y sus objetivos

La normalización permite dar una medida formal indicando por qué el diseño de una tabla es mejor que otro. Se consigue un conjunto óptimo de relaciones que da lugar a una estructura de fácil mantenimiento, evitando redundancias y errores en algunas operaciones.

Para seguir la teoría de la normalización existen 5 niveles, aunque normalmente solo se realiza hasta el tercer nivel o 3ª forma normal, ya que, a veces, al llegar hasta la 5ª forma normal se suele producir una implementación física muy difícil de mantener, dando lugar a la desnormalización para conseguir una implementación física más sencilla.

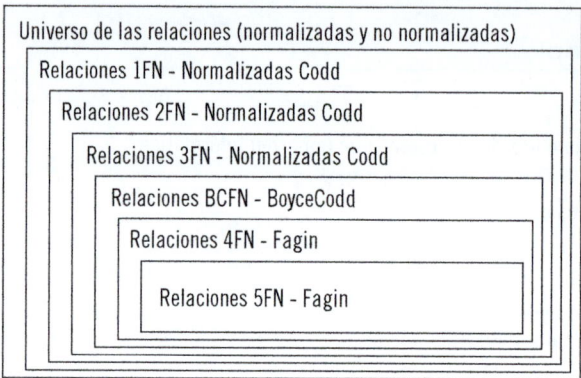

Imagen de los distintos niveles de la teoría de la normalización

 Sabía que...

Gracias a Boyce, Fagin y Codd, los responsables de las 5 FN, se solucionan casos de implementaciones aparentemente imposibles o demasiado complicadas.

 Importante

La normalización consiste en analizar y descomponer las relaciones que forman la base de datos, dando lugar a mejores agrupaciones de atributos para la formación de tablas o relaciones.

Las 3 primeras formas normales fueron definidas por Codd en 1970. En 1974, Boyce realizaría una revisión de la tercera forma normal y la llamaría "forma normal de Boyce-Codd". Después, surgirían la 5ª forma normal y 4ª forma normal, en 1977 y 1979, respectivamente, propuestas por Fagin.

Este método parte del conjunto de todos los atributos o tuplas que se encuentran almacenados en una base de datos y obtiene un conjunto de tablas que almacenan los datos y relaciones de la base de datos.

El método o teoría de la normalización evita una serie de problemas y anomalías que pueden proceder de un diseño erróneo.

 **Actividades**

7. Investigue sobre Boyce y Fagin para después elaborar un resumen bibliográfico.

Los principales objetivos que se persiguen con la normalización son aquellos que evitan problemas como:

- **Ambigüedades:** se definen así a aquellos datos que no clarifican al registro que representan.
- **Redundancia:** datos que se repiten continuamente por las tablas de las bases de datos.
- **Pérdida de restricciones de integridad:** proporcionan una seguridad de la base de datos ante modificaciones, ya que se guardan en el diccionario de datos para poder ser consultado cuando se realicen actualizaciones.
- **Anomalías en operaciones de modificación de datos:** evitar que si se elimina o inserta un solo elemento haya que eliminar o insertar varias tuplas.

7.1. Concepto de dependencias funcionales

El concepto de dependencia funcional es de gran importancia para diseñar esquemas de bases de datos relacionales, puesto que es la definición de propiedades que deben cumplir los esquemas para realizar el proceso de normalización.

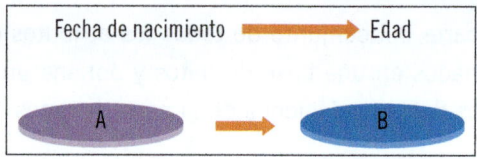

Ejemplo de una dependencia funcional de dos conjuntos A y B

Una **dependencia funcional** indica la relación entre atributos de una misma relación de una base de datos.

Por lo tanto, una relación r(T) cumple una dependencia funcional A → B donde t1 y t2 son conjuntos de atributos, si y solo si , t1,t2 E r por lo tanto, t1 [A] = t2 [A] y t1 [B] = t2 [B].

Es decir, cuando coinciden los valores de A coincidirán también los valores de B.

Actividades

8. ¿Cómo definiría con sus palabras una dependencia funcional?

7.2. Análisis y aplicación de las distintas formas normales: 1ª, 2ª, 3ª, 4ª, 5ª forma normal y la forma normal de Óbice-Codd

En el proceso de normalización se debe cumplir que al aplicar una forma normal determinada se produzca descomposición sin pérdida y se conserven las dependencias. Es decir, las tablas resultantes de la descomposición conservan las dependencias funcionales en la relación original.

Primera forma normal (1FN)

La primera forma normal indica:

- Los dominios de atributos solo deben incluir valores individuales (indivisibles).
- El valor de cualquier atributo de una tupla debe ser un único valor perteneciente a ese dominio.

Por lo tanto, no pueden existir relaciones anidadas y atributos multivaluados.

Si se tiene una tabla que contiene los siguientes datos:

PROFESORADO		
DNI	**NOMBRE**	**DEPARTAMENTO**
45713456K	LUIS	MATEMÁTICAS INFORMÁTICA
34567890L	JUAN	QUÍMICA

Tabla de datos del profesorado sin normalizar

Dicha tabla no cumplirá la 1ª FN, puesto que cuenta con un valor multivaluado, es decir, que tiene varios valores un mismo campo, por lo tanto, para que esté en 1ª FN, la tabla se representará así:

PROFESORADO		
DNI	**NOMBRE**	**DEPARTAMENTO**
45713456K	LUIS	MATEMÁTICAS
45713456K	LUIS	INFORMÁTICA
34567890L	JUAN	QUÍMICA

Tabla de datos del profesorado en 1ª FN

Aplicación práctica

Desea realizar la normalización a 1ª FN de la siguiente tabla:

BANCO		
DNI	**NOMBRE**	**CUENTAS**
65784756M	MARIA	CTA1 CTA4
98765432F	PACO	CTA2 CTA3

¿Cómo lo haría?

SOLUCIÓN

BANCO		
DNI	**NOMBRE**	**CUENTAS**
65784756M	MARIA	CTA1
65784756M	MARIA	CTA4
98765432F	PACO	CTA3
98765432F	PACO	CTA2

Segunda forma normal (2FN)

Una tabla que esté en primera forma normal y se desee normalizar a la segunda forma debe poseer una clave principal y el resto de atributos deben depender de ella; si hay atributos que solo dependen de una parte de la clave deben formar otra tabla distinta. Si esto no se efectúa, no estará en segunda forma normal y tendrán que llevar los atributos no primos que dependen de parte de la clave primaria a una nueva tabla.

ALUMNADO				
DNI	CURSO	NOMBRE	APELLIDOS	NOTA
44444444X	01	MARÍA	GARCÍA	9
55555555X	01	SONIA	JIMÉNEZ	8
55555555X	04	SONIA	JIMÉNEZ	9
66665555C	04	LUIS	MARTOS	5
66665555C	08	LUIS	MARTOS	7

Tabla de datos del alumnado en 1FN pero no en 2FN

Esta tabla no se encuentra en 2FN porque suponiendo que DNI y curso forman la clave principal, el nombre y apellido dependen solamente del DNI, por lo tanto, deben realizarse dos tablas:

ALUMNADO		
DNI	NOMBRE	APELLIDOS
44444444X	MARÍA	GARCÍA
55555555X	SONIA	JIMÉNEZ
55555555X	SONIA	JIMÉNEZ
66665555C	LUIS	MARTOS
66665555C	LUIS	MARTOS

CALIFICACIONES		
DNI	CURSO	NOTA
44444444X	01	9
55555555X	01	8
55555555X	04	9
66665555C	04	5
66665555C	08	7

Tablas de datos del alumnado y calificaciones, son las dos tablas en las cuales se ha dividido la tabla inicial para pasarla a 2FN.

Importante

Una relación se encuentra en segunda forma normal si está en primera forma normal y todos sus atributos no primos dependen de la clave primaria completa.

Actividades

9. ¿Cuáles son las diferencias entre la 1FN y la 2FN?

Tercera forma normal (3FN)

En tercera forma normal estará cuando la tabla se encuentre en 2ª FN y ningún atributo dependa funcionalmente de otros atributos que no sean clave.

Una relación estará en tercera forma normal cuando ningún atributo pueda depender transitivamente de la clave primaria. Se encuentra basada en el concepto de dependencia **funcional transitiva.**

ALUMNADO				
DNI	NOMBRE	APELLIDOS	CÓD_POSTAL	POBLACIÓN
44444444X	MARÍA	GARCÍA	04850	CANTORIA
55555555X	SONIA	JIMÉNEZ	04800	ALBOX
55555555X	SONIA	JIMÉNEZ	04800	ALBOX
66665555C	LUIS	MARTOS	04000	ALMERÍA
66665555C	LUIS	MARTOS	04000	ALMERÍA

Tabla de datos del alumnado, la cual no se encuentra en 3FN puesto que "Población" depende de "Cód_postal"

Esta tabla no se encuentra en tercera forma normal debido a que "Población" solo depende de código postal, no de DNI, por lo tanto, hay que dividirla en dos tablas para que esté en 3ª FN.

ALUMNADO		
DNI	NOMBRE	APELLIDOS
44444444X	MARÍA	GARCÍA
55555555X	SONIA	JIMÉNEZ
55555555X	SONIA	JIMÉNEZ
66665555C	LUIS	MARTOS
66665555C	LUIS	MARTOS

POBLACIÓN	
CÓD_POSTAL	POBLACIÓN
04850	CANTORIA
04800	ALBOX
04800	ALBOX
04000	ALMERÍA
04000	ALMERÍA

Tablas de datos del alumnado y población; una vez dividida ya se obtiene la 3FN

Aplicación práctica

Si analizando un caso práctico se encontrara en el paso de la 2ª FN, ¿qué debería comprobar usted para seguir normalizando hasta la 3ª FN?

SOLUCIÓN

Una relación estará en tercera forma normal cuando ningún atributo pueda depender transitivamente de la clave primaria. Se encuentra basada en el concepto de dependencia funcional transitiva.

Forma normal de Boyce-Codd (FNBC)

La forma normal de Boyce-Codd es más estricta que la 3ª FN, en el sentido de que todo determinante de una dependencia funcional tiene que ser clave candidata. Teniendo la siguiente tabla:

ASIGNATURAS		
DNI	**ASIGNATURAS**	**TUTORES**
44444444X	LENGUA	MARÍA
55555555X	MATEMÁTICAS	SONIA
55555555X	INFORMÁTICA	SONIA
66665555C	QUÍMICA	LUIS
66665555C	BIOLOGÍA	LUIS

Tabla de asignaturas en 3FN, pero no en forma de Boyce-Codd

Esta tabla se encuentra en 3ª FN, pero no en forma de Boyce-Codd debido a que es claramente redundante, ya que se muestra quién es el tutor de cada asignatura y cada tutor aparece asociado a un DNI y una asignatura. Por lo tanto, hay un determinante que es tutor y que no es clave candidata. La descomposición correcta sería la siguiente, representada en dos tablas:

TUTORÍAS	
DNI	**TUTOR**
44444444X	MARÍA
55555555X	SONIA
55555555X	SONIA
66665555C	LUIS
66665555C	LUIS

TUTORIZAN	
ASIGNATURAS	**TUTOR**
LENGUA	MARÍA
MATEMÁTICAS	SONIA
INFORMÁTICA	SONIA
QUÍMICA	LUIS
BIOLOGÍA	LUIS

Tablas de tutorías y tutorizaciones en forma de Boyce-Codd

Aplicación práctica

Desea realizar un análisis sobre la teoría de Boyce-Codd para efectuar la normalización FBNC, ¿qué llevará a cabo ante el requisito al cual se refiere Boyce-Codd con "claramente no redundante" que no debe cumplirse?

SOLUCIÓN

Pues que no exista ningún determinante de una dependencia funcional y no sea clave candidata; debe ser clave candidata, si no, existirá una redundancia y se tendrá que aplicar la normalización de Boyce-Codd.

Cuarta forma normal (4FN)

La cuarta forma normal se basa en el concepto de dependencia multivaluada.

Una dependencia multivaluada (DMV) de una tabla de atributos x, y, z de X sobre Y, es decir, X ->> Y, sucede porque los posibles valores de Y sobre cualquier par de valores de X y Z son independientes de Z pero dependen del valor de X. Si X ->> Y, entonces se cumple también que X ->>Z, se denota   X ->>Y|Z.

Importante

Teorema de Fagin: si hay tres pares de conjuntos de atributos X, Y y Z, si X ->>Y|Z, entonces las tablas X, Y y X, Z reproducen sin perder la información que poseía la tabla original.

Si se parte de la siguiente tabla:

MATERIALES		
LIBRO	**ASIGNATURAS**	**TUTORES**
01	LENGUA	MARÍA
02	MATEMÁTICAS	SONIA
03	INFORMÁTICA	SONIA
04	QUÍMICA	LUIS
05	BIOLOGÍA	LUIS

Tabla de materiales que no se encuentra en 4FN.

Esta tabla no se encuentra en 4ª FN ya que presenta dependencias multivaluadas, puesto que en una asignatura puede aparecer la combinación de todos los libros recomendados con todos los profesores.

LIBROS	
LIBRO	**ASIGNATURAS**
01	LENGUA
02	MATEMÁTICAS
03	INFORMÁTICA
04	QUÍMICA
05	BIOLOGÍA

TUTORES	
ASIGNATURAS	**TUTOR**
LENGUA	MARÍA
MATEMÁTICAS	SONIA
INFORMÁTICA	SONIA
QUÍMICA	LUIS
BIOLOGÍA	LUIS

Tablas de libros y tutores que ya sí se encuentran en 4FN.

Actividades

10. ¿Cuál es la principal operatividad de aplicar la 4ª FN?

Quinta forma normal (5FN)

La quinta forma normal es la más compleja de todas y se da en los casos que no presentan dependencias multivaluadas (4FN) pero siguen teniendo redundancia evitable. Esto ocurre cuando existen dependencias de producto o reunión.

Importante

Un esquema de relación tiene una dependencia de producto si es posible descomponerla sin pérdida en más de dos relaciones, pero no en dos.

Teniendo en cuenta el ejemplo anterior, "MATERIALES" presenta una dependencia de producto con tres relaciones y ninguna lleva la clave candidata, por consiguiente, no estaría en 5ª FN. Para que esté en 5ª FN, debe descomponerse la tabla "MATERIALES" en las siguientes tres tablas:

LIBROS

LIBRO	ASIGNATURAS
01	LENGUA
02	MATEMÁTICAS
03	INFORMÁTICA
04	QUÍMICA
05	BIOLOGÍA

TUTORES

ASIGNATURAS	TUTOR
LENGUA	MARÍA
MATEMÁTICAS	SONIA
INFORMÁTICA	SONIA
QUÍMICA	LUIS
BIOLOGÍA	LUIS

RECOMENDADOS	
LIBRO	TUTOR
01	MARÍA
02	SONIA
03	SONIA
04	LUIS
05	LUIS

Tablas de libros, tutores y recomendaciones para obtener la 5FN de la tabla "MATERIALES"

Actividades

11. Busque casos en los cuales se aplique la 5ª FN y analice si es la mejor solución.

7.3. Ventajas e inconvenientes que justifican una desnormalización de las tablas. valoración en diferentes supuestos prácticos

La desnormalización es el proceso que persigue optimizar una base de datos por medio de agregar datos redundantes. Consiste en el proceso de invertir las trasformaciones realizadas durante las normalizaciones por razones de mejora de rendimiento.

Importante

La desnormalización debe realizarse después de que haya existido o se haya realizado una normalización.

Hay que tener en cuenta que un modelo de datos desnormalizado no es lo mismo que un modelo de datos que no ha sido normalizado.

Para realizar una desnormalización deben tenerse en cuenta distintos puntos como son:

- El rendimiento de una base de datos tras la normalización si es adecuado no debe desnormalizar.
- Si este rendimiento no es aceptable se debe comprobar si tras la desnormalizacion se convierte en el correcto, pues es difícil luego deshacer cambios realizados al desnormalizar.
- Valoración acerca de qué se prefiere, si una menor integridad o mejor rendimiento.
- Valorar la operatividad futura, puesto que la desnormalización mejora el rendimiento, pero la estructura dependerá de la aplicación.

 Actividades

12. Investigue sobre el proceso de desnormalización y los distintos puntos de vista de los autores que lo aplican y que no.

Las principales **ventajas** que puede aportar el uso de desnormalización son estas:

- Menor número de tablas de datos
- Mejora el rendimiento
- Mejora la velocidad de las consultas

Los principales **inconvenientes** que conlleva el uso de desnormalización son:

- Existencia de redundancia de datos
- Menor integridad de los datos

7.4. Desarrollo de diferentes supuestos prácticos de normalización de datos incluyendo propuestas de desnormalización de datos

A continuación se muestra un ejemplo de normalización consiguiendo la forma normal que sea necesaria. Se parte de la siguiente tabla, donde se reflejan los datos de los empleados de una empresa:

NSS	NOMBRE	PUESTO	SALARIO	EMAILS
34	Juan Jiménez	Finanzas	1600	jj@local.com, jjimenz@local.com
45	Luis Sánchez	Controller	2000	lsanchez@local.com
35	María López	Operario	1200	mlopez@local.com, ml@local.com
11	Elena García	Operario	1200	egarcia@local.com

Tablas de todos los datos de los empleados de una empresa

Esta tabla no está en 1ª FN, ya que tiene con la misma NSS dos emails distintos, por lo tanto, hay un atributo multivaluado, con lo cual se tendría que realizar el siguiente cambio en la tabla:

NSS	NOMBRE	PUESTO	SALARIO	EMAILS
34	Juan Jiménez	Finanzas	1600	jj@local.com,
45	Luis Sanchez	Controller	2000	lsanchez@local.com
35	María López	Operario	1200	mlopez@local.com,
11	Elena García	Operario	1200	egarcia@local.com
35	María López	Operario	1200	ml@local.com
34	Juan Jiménez	Finanzas	1600	jjimenz@local.com

Tabla de los datos de los trabajadores de la empresa en 1FN

Para pasar la anterior tabla a 2ª FN, tanto "nombre", "puesto" como "salario" dependen del "NSS" y, por otra parte, "email" solo corresponde a "NSS", por lo tanto, se crearían las siguientes dos tablas:

NSS	NOMBRE	PUESTO	SALARIO
34	Juan Jiménez	Finanzas	1600
45	Luis Sánchez	Controller	2000
35	María López	Operario	1200
11	Elena García	Operario	1200

NSS	EMAILS
34	jj@local.com,
45	lsanchez@local.com
35	mlopez@local.com,
11	egarcia@local.com
35	ml@local.com
34	jjimenz@local.com

Tablas de los datos de los empleados donde aparece por un lado la tabla de datos personales y por otro el email en 2FN

Al fijarse en la tabla de datos personales, se comprueba que el sueldo solo depende del puesto, no de la persona o del NSS, por lo tanto, habrá que normalizar para que esté en 3ª FN, quedando así:

NSS	NOMBRE	PUESTO
34	Juan Jiménez	Finanzas
45	Luis Sánchez	Controller
35	María López	Operario
11	Elena García	Operario

PUESTO	SALARIO
Finanzas	1600
Controller	2000
Operario	1200
Operario	1200

NSS	EMAILS
34	jj@local.com,
45	lsanchez@local.com
35	mlopez@local.com,
11	egarcia@local.com
35	ml@local.com
34	jjimenz@local.com

Tabla datos personales, tabla puesto de trabajo y tabla email dando lugar a la 3FN

Aplicación práctica

Se encuentra con un supuesto práctico en 3ª FN y ahora debe analizar si tiene que pasarlo a 4ª FN o no, ¿qué debería usted entonces tener en cuenta?

SOLUCIÓN

Debería tener en cuenta y revisar si existen dependencias multivaluadas.

En este ejemplo no se puede seguir más para conseguir la eliminación de dependencias, debido a que para ello es necesaria la creación de tablas con multitud de información redundante, lo cual puede dar lugar a un aumento de tamaño, por lo que debe elegirse entre optimización de tamaño o de diseño.

Suele ser más que suficiente llegar hasta la 3ª FN. Al igual sucede con la desnormalización; puede apreciarse que si ahora se desnormalizara no se obtendría ninguna ventaja en comparación con la situación que existe dejándolo en 3ª FN.

8. Resumen

El modelo relacional, introducido por Codd en 1970, es el modelo más utilizado y sirve para representar una base de datos como un conjunto de relaciones. Al hablar de conjunto de relaciones se hace referencia a tablas, las cuales están formadas por filas y columnas, cuyos nombres ayudarán a su interpretación.

Por lo tanto, puede afirmarse que una base de datos relacional es un conjunto de tablas con nombres únicos, en los que las filas representan hechos y las columnas representan propiedades.

El uso del álgebra relacional constituye un factor importante; es un lenguaje procedimiental que se emplea en una serie de operaciones en la base de datos para conseguir así el resultado deseado. Las principales operaciones que se utilizan son: selección, proyección, producto-cartesiano, renombrar, unión y diferencia de conjuntos.

Ante posibles diseños erróneos o problemas en el diseño de una base de datos aparece la necesidad de normalizar.

La normalización es un proceso que consiste en analizar y descomponer las relaciones que forman la base de datos, dando lugar a unas mejores agrupaciones de atributos para la formación de tablas o relaciones, es decir, es el proceso de organización de los datos de una base de datos.

Para ello se siguen una serie de niveles, que vienen dados por la teoría de la normalización. Existen 5 niveles, aunque normalmente solo se llega hasta el tercer nivel o 3ª forma normal, ya que, en ocasiones, si se continúa hasta la 5ª forma normal se llega a una implementación física muy difícil de mantener, teniendo que recurrir a la desnormalización para conseguir una implementación física más sencilla.

Se debe tener muy presente que la desnormalización no equivale a un nivel no normalizado. Antes de desnormalizar debe realizarse la normalización y después habrá que valorar si la mejor solución consiste en una desnormalización o en acceder a otro nivel de normalización.

Ejercicios de repaso y autoevaluación

1. ¿Qué se considera una relación en el modelo relacional?

_____
_____
_____
_____

2. Señale si las siguientes afirmaciones son verdaderas o falsas.

   a. Una fila se considera una tupla.

      ☐ Verdadero
      ☐ Falso

   b. Una columna se considera un atributo.

      ☐ Verdadero
      ☐ Falso

3. Indique los principales tipos de cardinalidad:

   a. Relación 1-1.
   b. Relación 0-0.
   c. Relación R-r.
   d. Relación 1-N.
   e. Relación N-M.

4. Marque la respuesta correcta. La clave que se compone de uno de los atributos que forman la superclave se denomina...

   a. ... clave primaria.
   b. ... clave alternativa.
   c. ... clave candidata.
   d. ... clave foránea.

5. ¿Qué es el álgebra relacional?

_____
_____
_____
_____

6. Indique cuál de las siguientes definiciones atiende al significado de operaciones derivadas:

    a. Se parecen a la teoría de conjuntos.
    b. Se definen utilizando operaciones básicas.
    c. Operaciones a partir de las cuales se puede definir el resto.

7. Señale las operaciones fundamentales del álgebra relacional:

    a. Selección.
    b. Acción.
    c. Resta.
    d. Unión.
    e. Diferencia de conjuntos.
    f. Asunción.
    g. Renombrar.

8. Marque cuál es la letra griega que representa la operación de Selección:

    a. Pi.
    b. Sigma.
    c. Alfa.

9. Complete el siguiente texto.

La _____ permite dar una medida formal indicando por qué el diseño de una _____ es mejor que otro. Existen _____ formas normales.

10. Marque que definición de una dependencia funcional:

    a. Indica la restricción entre dos conjuntos de atributos de una base de datos.

    b. Diseño de esquemas de base de datos.

11. ¿Cuándo está en 2ª FN una tabla?

_____

_____

12. ¿Por qué se caracteriza el teorema de Fagin para la 4ª FN?

    a. Redundancia evitable.

    b. Concepto de dependencia multivaluada.

    c. Clave primaria única.

13. Señale si las siguientes afirmaciones son verdaderas o falsas.

    a. ¿Un modelo de datos desnormalizado es igual a un modelo no normalizado?

        ☐ Falso
        ☐ Verdadero

    b. ¿El rendimiento de una base de datos tras la normalización si es buena se debe normalizar?

        ☐ Falso
        ☐ Verdadero

14. ¿Qué significa "redundancia"?

    a. Evitar que si se elimina o inserta un solo elemento haya que eliminar o insertar varias tuplas.

    b. Aquellos datos que se repiten continuamente por las tablas de las bases de datos.

    c. Se define así a aquellos datos que no clarifican al registro que representan.

15. Complete la siguiente frase.

La necesidad de normalizar aparece ante un conjunto de _____ y anomalías que pueden venir de un diseño _____. El proceso de normalización consiste en _____ y _____ las relaciones que forman la base de datos.

Capítulo 3

Descripción y aplicación del modelo entidad-relación para el modelado de datos

Contenido

1. Introducción

Para el modelado de una base de datos es necesaria la definición de requerimientos y del diseño conceptual. Una base de datos escenifica un modelo, siendo un modelo una representación de la realidad.

El proceso de modelado, por lo tanto, va tener en cuenta una identificación de todos los elementos que afectan a esa realidad del modelo que se va a representar para poder resolver un problema, que es con la finalidad que normalmente se utiliza.

Los pasos que se siguen ante el diseño de una base de datos son los siguientes:

1. Recopilación de la información y toma de requerimientos
2. Diseño conceptual
3. Diseño lógico
4. Diseño físico

Profundizando en el modelo entidad-relación puede decirse que este modelo se caracteriza por utilizar un conjunto de símbolos y reglas para así representar los datos, consiguiendo con ello construir gráficamente la estructura lógica de una base de datos.

El modelo se compone de una serie de entidades, atributos y relaciones que a continuación se desarrollarán con más profundidad.

2. Proceso de realización de diagramas de entidad-relación y cómo aplicarlo

El modelo **entidad-relación (E-R)** es un modelo de datos conceptual, por lo tanto, se encuentra en el nivel de diseño conceptual que se utiliza para el diseño de la base de datos. Para ello se realiza una descripción de los requerimientos, marcando así las restricciones y relaciones de la base de datos.

Importante

El modelo entidad-relación fue propuesto por Peter Chen en 1976 y desde entonces es el modelo más utilizado para el diseño de base de datos.

Basado totalmente en una percepción del mundo real, crea una representación de la parcela de realidad que se va a modelar aportando un alto nivel de abstracción.

Como resultado de la aplicación del modelado de E-R se obtiene un diagrama E-R, el cual representa una estructura lógica de la base de datos. Es el modelo de datos más extendido.

El modelo entidad-relación se caracteriza por utilizar una serie de símbolos y reglas para representar los datos y sus relaciones.

Ejemplo de un modelo de entidad

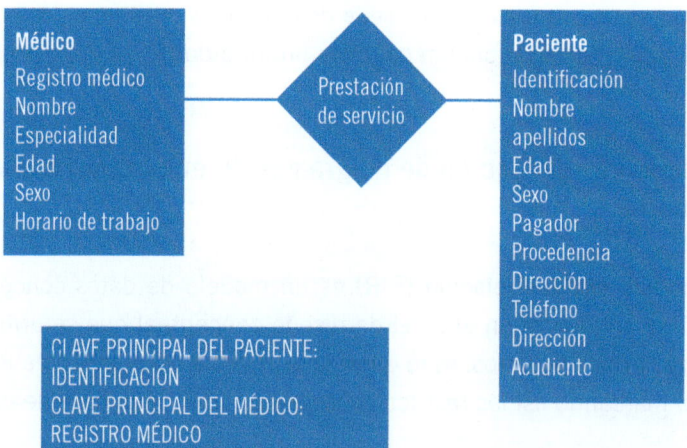

Actividades

1. Investigue y averigüe por qué es el modelo entidad-relación uno de los modelos de datos más extendidos.

3. Elementos de entidad, atributo y relaciones

El modelo entidad-relación se basa en una serie de elementos básicos denominados **entidades, relaciones y atributos.**

La forma de representación sería la siguiente:

Elementos básicos de un modelo entidad-relación

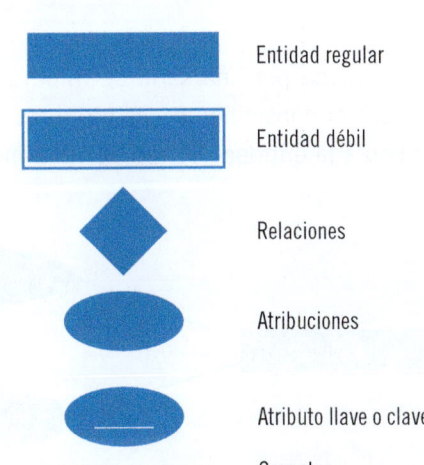

3.1. Entidad

Una entidad, dentro del modelo E-R, se representa como un rectángulo y en su interior esta se identifica por un nombre. Puede definirse **entidad** como un objeto real que se puede distinguir de otros objetos, identificándose de forma única.

Ejemplo de una entidad denominada "Alumno"

Se denomina un **conjunto de entidades a una agrupación de entidades de un mismo tipo.**

Ejemplo

El conjunto "entidades alumnos" estaría formado por todos los niños/as que están inscritos en un instituto.

3.2. Atributos

Una entidad está formada por una serie de informaciones acerca de ella, denominadas **atributos.** Por consiguiente, los atributos son una serie de informaciones que describen a la entidad. Se representan mediante elipses.

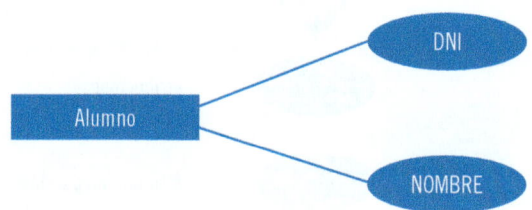

Ejemplo de una entidad denominada "Alumno y dos atributos: "DNI" y "Nombre"

Es muy importante tener en cuenta que una entidad puede tener un número indefinido de atributos, pero entre ellos habrá uno o un conjunto de ellos único, la "clave de la entidad", cuyo clación de Ce es ral 1:1.o como relaciones, tud se haya determinado.valor no se puede repetir.

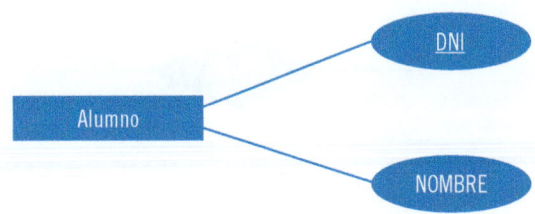

*Ejemplo de una entidad denominada "Alumno y dos atributos: "DNI" y "Nombre",
donde el atributo "DNI" es la clave de la entidad, representándose el nombre
subrayado.*

Cada atributo tiene un conjunto de valores permitidos, a los que se le denomina **dominios.**

Ejemplo

En el atributo "edad", su dominio será el conjunto de todas las edades con formato numérico. El dominio del atributo "nombre" será el conjunto de cadenas de texto cuya longitud se haya determinado.

Actividades

2. Averigüe qué tipo de dominios se permiten para un modelo entidad-relación.

3.3. Relaciones

Una relación se puede definir como la **asociación entre varias entidades.** Las relaciones se representan mediante un rombo y líneas.

Ejemplo de una relación "estudia"

Existen varios tipos de relaciones:

■ **Relación reflexiva o recursiva:** es aquella que relaciona una entidad consigo misma.

Ejemplo de una relación reflexiva o recursiva, donde los profesores pueden impartir talleres o clases a otros profesores

■ **Relación binaria:** aquella que asocia a dos conjuntos de entidades, siendo esta la más común en las bases de datos.

Ejemplo de una relación "estudia" la cual relaciona a dos entidades, "Alumno" y "Asignatura"

■ **Relación ternaria:** unión de tres entidades.

Ejemplo de una relación "estudia" la cual relaciona a tres entidades, "Alumno", "Asignaturas" y "Profesores"

Actividades

3. Defina una relación ternaria para el ámbito de una empresa.

Aplicación práctica

Usted comienza a trabajar en un centro de bases de datos y le piden que, por favor, esboce la relación entre un cliente y sus cuentas bancarias, dando como datos de las cuentas bancarias: código de cuenta (único), número de cuenta, dinero contenido en ella y, por otra parte, nombre, apellidos y DNI del cliente. ¿Cómo lo plantearía?

SOLUCIÓN

Se crearían dos entidades "CLIENTE" Y "CUENTA"; la entidad "Cliente" tendría como atributos: nombre, apellidos y DNI, siendo DNI la clave primaria, y la otra entidad "Cuenta" tendría como atributos: código de cuenta, que sería la clave primaria por ser único, número de cuenta e importe. Las dos unidas con la relación "TIENE".

4. Diagrama entidad-relación entendido como elemento para resolver las carencias de los diagramas entidad-relación simples

El modelo entidad-relación es una herramienta muy potente, pero es casi imposible poder representar todos los aspectos al detalle. Principalmente, porque en el diagrama entidad-relación solo aparecen los nombres de los distintos conceptos, no su significado, lo que hace que no sea posible representar todas las propiedades de un esquema complejo.

Por otro lado, existen ciertas situaciones y propiedades muy difíciles de representar usando las herramientas ofrecidas por el modelo entidad-relación.

 **Nota**

Esto hace que se complemente el diagrama entidad-relación con documentación que permita interpretar y describir los distintos datos y expresiones.

Para realizar un diagrama entidad-relación y resolver las distintas situaciones reales se debe seguir una serie de pasos:

1. Seleccionar las distintas entidades, así como su tipología y sus atributos; el atributo clave de cada entidad o posibles atributos clave.
2. Una entidad se relacionará con otra mediante conectores y relaciones representadas con rombos.
3. Toda relación debe llevar indicada una cardinalidad.

Debe buscarse la mejor conjunción de elementos para obtener la solución más eficiente, para ello ante situaciones más complicadas se recurrirá a nuevos elementos, los cuales se describen a continuación.

5. Elementos de entidades fuertes y débiles, cardinalidad y atributos en las relaciones, herencia y agregación

El modelo entidad-relación se basa en una serie de elementos básicos denominados "entidades", "relaciones" y "atributos" anteriormente descritos.

Pero ante situaciones más complejas en las que no resulta posible representar correctamente con esta tipología de elementos, habrá que recurrir a la diferenciación entre entidades fuertes y débiles, la cardinalidad de las relaciones, la tipología de los atributos en las relaciones, el concepto "herencia" y el concepto "agregación".

Una base de datos que se modela mediante un diagrama E-R puede representarse mediante un conjunto de tablas. Normalmente, una tabla suele existir para cada conjunto de entidades y conjunto de relaciones, llevando por nombre el nombre del conjunto de entidades o conjunto de relaciones. Aunque no siempre es así y por eso hay que estudiar las distintas particularidades de cada caso.

5.1. Entidades fuertes y débiles

Una base de datos, la cual se puede representar por el modelo entidad-relación, suele estar formada por un conjunto de tablas.

Recuerde

Suele existir una tabla para cada conjunto de entidades y una tabla por las distintas relaciones.

Para la representación de estas entidades existen dos tipos:

Entidad fuerte

Es aquella entidad que cuenta con una clave primaria.

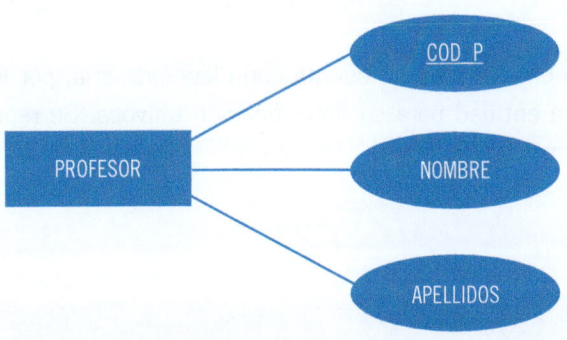

Entidad fuerte, puesto que cuenta con una clave primaria identificativa y única, CÓDIGO DE PROFESOR

Paso a tabla de una entidad fuerte

El **paso a tabla de una entidad fuerte** tendrá las siguientes características:

▌ Nombre tabla = Nombre entidad
▌ Campos tabla = Atributos entidad
▌ Clave tabla = Clave entidad

Por lo tanto, si se realiza el paso a tabla de la imagen anterior, cuya entidad se denomina PROFESOR, quedaría de la siguiente manera:

PROFESOR (<u>Cód_Profesor,</u> Nombre, Apellidos)

Cód_Profesor	Nombre	Apellidos
001	Javier	Jiménez
002	Sonia	Fernández
...	.....	....

Paso a tabla, rellena con ejemplos, sobre cómo se realizaría la representación de la entidad PROFESOR.

Entidad débil

Es aquella entidad que no cuenta con clave primaria, por lo cual va a depender de otra entidad para su identificación unívoca. Se representa con un rectángulo enmarcado en otro.

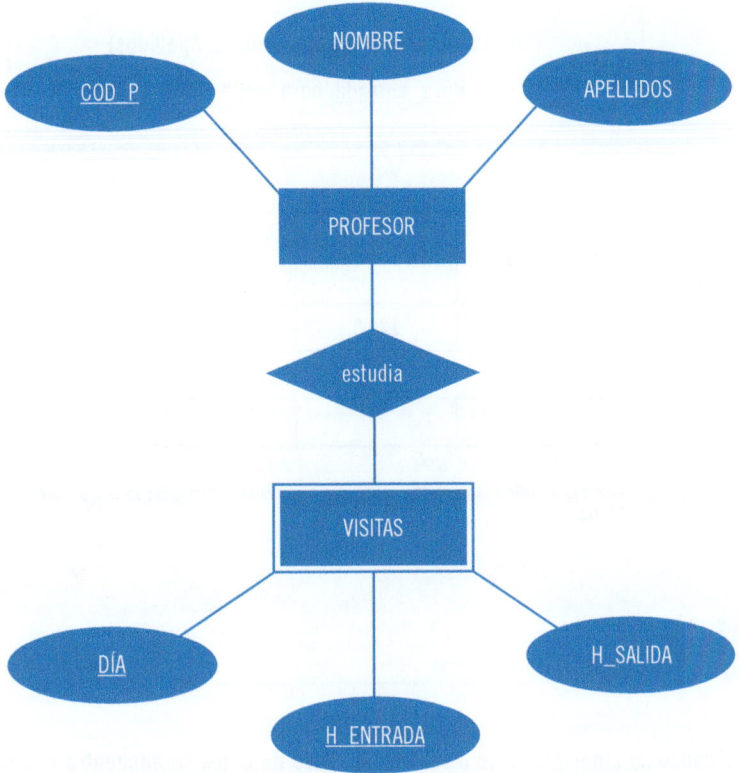

Relación débil de VISITAS dependiente de "Profesor" que es la entidad fuerte, ya que el profesor recibe visitas de los padres y es necesario saber el Código de profesor junto con el "Día" y "Hora" para identificar la visita.

Paso a tabla de una entidad débil

El **paso a tabla de una entidad débil** tendrá las siguientes características:

- Nombre tabla = Nombre entidad
- Campos tabla = Atributos entidad más la clave de la entidad relacionada.
- Clave tabla = Discriminante más la clave de la entidad relacionada.

Por lo tanto, si se efectúa el paso a tabla de la imagen anterior, cuya entidad relacionada se denomina PROFESOR y la entidad débil VISITAS, quedaría de la siguiente manera:

PROFESOR (Cód_Profesor, Nombre, Apellidos)

VISITAS (Día, Hora_entrada, hora_salida, Cód_Profesor)

Cód_Profesor	Hora entrada	Día	Hora salida
001	17:00	5/9/2024	18:30
002	18:00	11/9/2024	20:00
...	.....		....

Paso a tabla, rellena con ejemplos, sobre cómo se realizaría la representación de la entidad VISITAS.

 ## Aplicación práctica

Realizando su labor diaria de diseñador de base de datos se encuentra con el siguiente planteamiento:

Una empresa de gestión de inversiones desea crear una base de datos para manejar la cartera de acciones y órdenes de compraventa de sus clientes. Para cada una de las acciones se guarda el nombre de la empresa, su NIF, siglas y domicilio. Además, se almacenan las cotizaciones de las acciones, con la fecha y hora de la cotización.

¿Qué entidades encuentra y de qué tipo?

SOLUCIÓN

Existirían dos entidades: ACCIÓN Y COTIZACIONES.

▪ "Acción" contendría los atributos: NIF (clave) siglas y domicilio. Entidad fuerte.
▪ "Cotizaciones" contendría los atributos fecha y hora, por lo tanto, es una entidad débil porque no tendría clave primaria, ya que depende de "Acción".

Actividades

4. Una atracción, identificada con un código de atracción, realiza distintos viajes que se producen a distinta hora y con distinto número de pasajeros. ¿Cuántas entidades tendría si tuviera que representarlo? ¿Habría alguna entidad débil? Razone su respuesta en caso afirmativo.

5.2. Cardinalidad de las relaciones

Los conjuntos de relaciones suelen tener ciertas restricciones, como por ejemplo **el cardinal de asignación,** el cual limita el número de entidades que se pueden relacionar o asociar con otra entidad de otro conjunto.

Recuerde

Los tipos de cardinalidad son: relación 1-1 (se relacionan 1 a 1); relación 1-N o N-1 (una entidad con muchas de otra) y relación N-M (las dos pueden tener muchas relaciones).

Esta cardinalidad se representa en una entidad-relación de la siguiente manera:

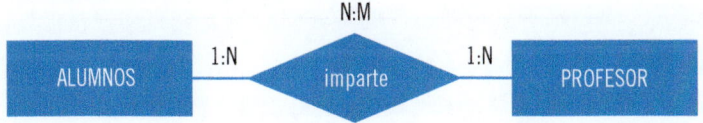

Relación de dos entidades relacionadas, cuya cardinalidad viene indicada en cada entidad y, finalmente, la general, que es una relación de muchos a muchos.

- **1: M (entre alumnos e imparte):** indica el mínimo y el máximo de alumnos a los cuales puede darle clase un profesor, siendo 0 el mínimo y M el máximo. Siendo la lectura: a un alumno puede darle clase 1 profesor o muchos profesores.

- **1: M (entre imparte y profesor):** indica el mínimo y máximo de profesores que dan clase a un alumno. Siendo la lectura: un profesor puede darle clase a 1 o muchos alumnos.
- **N: M (cardinalidad general entre alumnos imparte profesor):** cardinalidad general de la relación de las dos entidades, la cual se forma con los máximos de cada cardinalidad anteriormente indicada.

Paso a tablas de una relación de cardinalidad de N-M

El paso a tabla de una relación de cardinalidad de muchos a muchos, N-M, tendrá las siguientes características:

- Nombre tabla = Nombre relación
- Campos tabla = Atributos descriptivos más claves de entidades relacionadas
- Clave tabla = Claves entidades relacionadas

Por lo tanto, si se realiza el paso a tabla de la imagen anterior, cuya relación se denomina IMPARTE, que relaciona las tablas de "Profesor" y "Alumno", quedaría de la siguiente manera:

PROFESOR (<u>Cód Profesor</u>, Nombre, Apellidos)

ALUMNO (<u>Nif A</u>, Nombre, Apellidos)

IMPARTE (<u>Nif A</u>, <u>Cod Profesor</u>, día, hora, clase)

 Nota

Considerando que las entidades "profesor" y "alumno" contienen atributos indicados y la relación "Imparte", los atributos descriptivos día, hora y clase.

Cod_Profesor	Nif_Alumno	Día	Hora	Clase
001	45766788x	Martes	17:00	101
002	45678977k	Jueves	16:00	158
...	.....	.....	....	....

Paso a tabla, rellena con ejemplos de la relación IMPARTE.

Otro ejemplo de cardinalidad, pero en este caso la cardinalidad general es de 1: N en lugar de N: M es el siguiente:

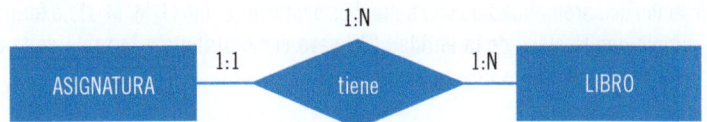

Relación de dos entidades relacionadas, cuya cardinalidad viene indicada en cada entidad y, finalmente, la general que es una relación de uno a muchos.

- **1:1 (relación "asignatura", "tiene"):** indica el mínimo y el máximo de asignaturas a las cuales pertenece un libro, siendo 1 el mínimo y 1 el máximo. Siendo la lectura: un libro solo pertenece a una única asignatura.
- **1: N (relación "tiene", "libro"):** indica el mínimo de libros que tienen una asignatura. Siendo la lectura: una asignatura puede tener uno o muchos libros.
- **1: N (cardinalidad de "asignatura", "tiene", "libro"):** cardinalidad general de la relación de las dos entidades, la cual se forma con los máximos de cada cardinalidad anteriormente indicada.

 Actividades

5. Plantee un ejemplo para que dé una relación de N: 1 como cardinalidad final de una relación de dos entidades.

Paso a tablas de una relación de cardinalidad de 1-M o M-1

El paso a tabla de una relación de cardinalidad de uno a muchos o muchos a uno, 1-M/ M-1, **NO FORMA TABLA.** Ahora bien, cumplirá que la clave de la entidad "1" vaya como atributo a la tabla de la entidad "M", así como los atributos descriptivos.

Recuerde

Una relación de cardinalidad de uno a muchos o muchos a uno (1-M/ M-1) no forma tabla, pero cumple que la clave de la entidad "1" vaya como atributo a la tabla de la entidad "M", así como los atributos descriptivos.

Por lo tanto, el paso a tabla de la relación "Asignatura", "tiene" "Libro" sería la siguiente:

> **ASIGNATURA (Cód A**, nombre, curso)
>
> **LIBRO (ISBN**, título, páginas, editorial)

A continuación, se muestra un ejemplo de cardinalidad general 1:1:

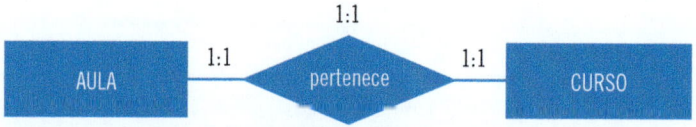

Relación de dos entidades relacionadas, cuya cardinalidad viene indicada en cada entidad y, finalmente, la general que es una relación de uno a uno.

- **1:1(relación "aula" "pertenece")** indica el mínimo y el máximo de cuántos cursos pueden pertenecer a un aula, que es un único curso.
- **1:1(relación "pertenece" "curso"):** indica el mínimo y el máximo de cursos que pueden tener asignada un aula, que es una solamente.
- **1:1(cardinalidad final de "aula pertenece a curso"):** cardinalidad general de la relación de las dos entidades, la cual se forma con los máximos de cada cardinalidad anteriormente indicada.

Paso a tablas de una relación de cardinalidad de 1-1

El paso a tabla de una relación de cardinalidad de uno a uno 1-1 **NO FORMA TABLA.** Ahora bien, cumplirá que la clave de una entidad vaya como atributo a la tabla de la otra entidad y los atributos descriptivos.

> AULA (<u>Número aula,</u> planta, m^2)
>
> CURSO (<u>Cód urso,</u> temática, horas)

Aplicación práctica

Teniendo en cuenta las distintas posibles situaciones de cardinalidad existentes en una relación 1:N, N:1, N: M o 1:1.

¿Cuál cree usted que sería la mejor solución para la relación de la entidad "Alumno" con la entidad "Horario"?

SOLUCIÓN

La mejor solución o posible solución para la situación de relación entre la entidad "Alumno" y la entidad "Horario" sería de N:1.

Porque se leería UN ALUMNO puede tener SOLO UN HORARIO en el colegio, pero sin embargo, UN HORARIO puede tenerlo UNO O MUCHOS ALUMNOS, es más, lo tendrán todos los niños del mismo curso, por lo tanto será un N:1.

5.3. Atributos en relaciones

Existen distintos tipos de atributos para una relación, los cuales se clasifican en atributo descriptivo, atributo monovaluado o multivaluado y atributos discriminantes.

Atributo descriptivo

Es un tipo de atributo que aporta un valor o información a un número N de entidades, es decir, a una relación de entidades.

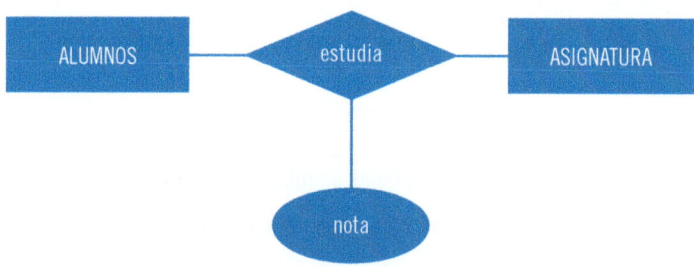

Relación de dos entidades relacionadas y cuya relación tiene un atributo descriptivo que es "nota".

Un atributo descriptivo dependerá de la cardinalidad de la relación para ir la tabla de una entidad o de la relación, siendo el paso a tabla de esta relación, cuando su cardinalidad es de N: M, la siguiente:

> **ALUMNO (<u>NIF A</u>, Nombre, Apellidos)**
>
> **ASIGNATURA (<u>Cód A</u>, Nombre, Curso)**
>
> **ESTUDIA (<u>NIF A, Cód A</u>, nota)**

Atributo monovaluado o multivaluado

Los atributos monovaluados son aquellos que únicamente pueden tener un valor. Los atributos multivaluados, sin embargo, pueden tener múltiples valores. El atributo multivaluado se identifica con **M***.

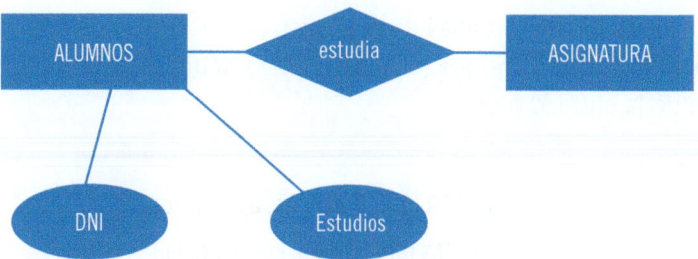

Relación de dos entidades relacionadas, donde la entidad "Alumnos" tiene dos atributos: DNI: monovaluado, puesto que solo puede tener un único valor y ESTUDIOS: multivaluado, ya que podría tener varios estudios, por lo tanto varios valores.

Un atributo multivaluado pasará a tabla como una **entidad débil.** Por lo tanto, si se efectúa el paso a tabla del ejemplo anterior, siendo una relación de N: M, quedaría de la siguiente manera:

> ALUMNO (<u>NIF_A</u>, Nombre, Apellidos)
>
> ESTUDIOS (<u>NIF_A, estudios</u>)
>
> ESTUDIA (<u>NIF_A, COD_A</u>)
>
> ASIGNATURA (<u>Cód_A</u>, Nombre, Curso)

Atributo discriminante

Aparece en las relaciones de entidades fuertes y débiles. Suelen ser aquellos atributos que permiten distinguir las entidades de las entidades débiles. También se les conoce como **clave parcial.**

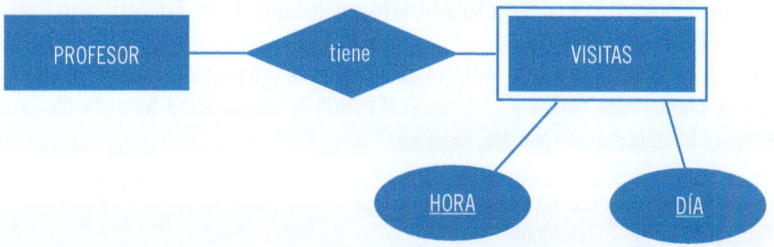

Relación de dos entidades relacionadas, donde la entidad "Visitas" es una entidad débil con dos atributos discriminantes o clave parcial que distingue cada visita que recibe el profesor.

Si se realiza el paso a tablas de la imagen anterior, cuya cardinalidad es de 1: M, puesto que siempre que hay una entidad débil, es esta, ya que la débil depende de la entidad fuerte.

PROFESOR (DNI_P, nombre, apellido, edad)

VISITAS (DNI_P, hora, día, duración)

 Importante

Los atributos descriptivos solo aparecen en las entidades débiles y los multivaluados, en las entidades fuertes.

 Aplicación práctica

Le solicitan realizar el diseño de E-R de una base de datos que posee un conjunto de entidades denominado "Clientes" cuyos atributos serían Nombre, NIF, domicilio y teléfonos.

¿Cómo haría el diseño de teléfonos? ¿Sería un atributo normal? Indique su paso a tabla.

SOLUCIÓN

La representación del atributo TELÉFONOS no sería un atributo normal, puesto que al aparecer en plural significa que va a tener MÁS DE UNO, por lo tanto, es un ATRIBUTO MULTIVALUADO.

El paso a tabla de un atributo MULTIVALUADO se hará igual que el de una entidad débil, es decir, se crearan dos tablas y en la de TELÉFONOS la clave estará formada por la clave de Clientes y teléfonos quedando así:

CLIENTES (NIF, nombre, domicilio)
TELÉFONOS (NIF_C, teléfono)

Actividades

6. ¿Un atributo descriptivo en qué situaciones suele tomar valor o aparecer?

5.4. Herencia

El principio de herencia tiene que ver con la **especialización y generalización,** donde las entidades de un nivel más bajo heredan los atributos de entidades de un nivel más alto.

Importante

Las entidades de un nivel menor no tendrán una clave primaria, simplemente tendrán atributos, puesto que la entidad superior será la que posea la clave.

Cuando se realiza el diseño de una base de datos es posible encontrarse con conjuntos de entidades que contienen características comunes, esto va a permitir crear un tipo de entidad de nivel más alto que englobe dichas características, aunque a su vez haya que dividir un conjunto de entidades en diferentes subgrupos de entidades porque estas contengan características diferenciadoras.

A los conjuntos de nivel superior se les denomina "superclase" o "supertipo", siendo entonces conocidos los conjuntos de nivel **inferior como subclase o subtipo.**

La representación tanto de la especialización como de la generalización se realizará con el siguiente objeto:

Representación de la especialización y generalización

Especialización

Cuando se habla de una **especialización** se hace referencia a una abstracción a alto nivel donde se resaltan las diferencias, generando así uno o más conjuntos de bajo nivel a partir de un conjunto de entidades de alto nivel.

La diferencia entre la especialización y generalización es que en la generalización se crean entidades a raíz de varios conjuntos de entidades de bajo nivel, por lo tanto, estas se encuentran también a alto nivel.

Importante

En la especialización puede suceder que al dividir un conjunto de entidades en otros, un grupo de entidades no pertenezca a ninguno de nivel más bajo.

Una especialización podrá tener las siguientes **restricciones semánticas:**

- **Totalidad:** será total si todo ejemplar de la superclase pertenece a alguna de las subclases.
- **Parcialidad:** si no todos los ejemplares de la superclase pertenecen a alguna subclase se considera parcialidad.
- **Solapamiento:** dará lugar a solapamiento si un mismo ejemplar de la superclase puede pertenecer a más de una subclase.
- **Exclusividad:** presentará exclusividad si un mismo ejemplar de la superclase pertenece a una subclase.

Representación de los distintos tipos de especialización

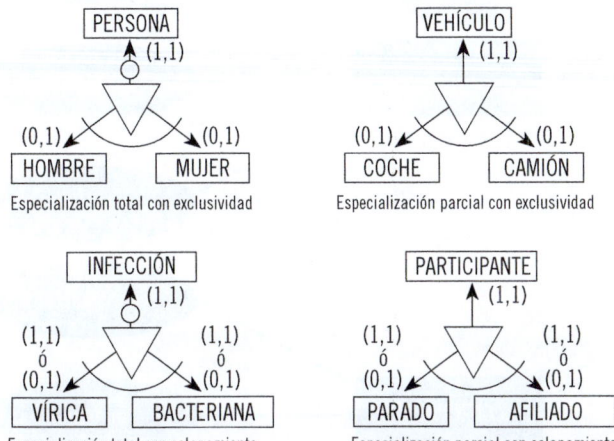

Actividades

7. ¿Cuál es la diferencia entre una especialización total con solapamiento y una especialización parcial con solapamiento?

Generalización

La generalización viene dada por una abstracción de alto nivel, en la que existen dos entidades con atributos semejantes de nivel más bajo, cuya única diferencia se produce por herencia de atributos.

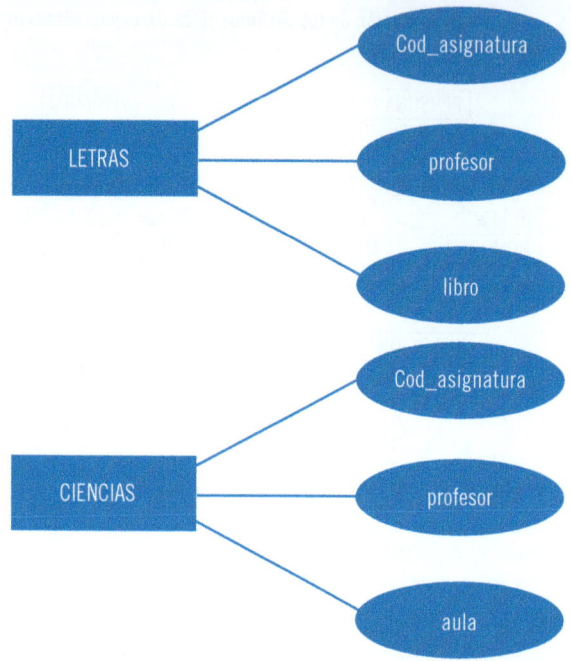

Las entidades "Ciencias" y "Letras" cuentan con los mismos atributos a excepción de uno, "aula" para ciencias y "libro" para letras.

Teniendo presentes las dos entidades anteriores, podría realizarse una inclusión que existe entre los dos conjuntos de asignaturas y dos entidades de un nivel más bajo con los atributos diferenciadores.

 **Recuerde**

Los atributos se clasifican en descriptivos, monovaluados o multivaluados y discriminantes.

Se representaría mediante un triángulo rotulado ISA, quedando el diagrama de la siguiente manera:

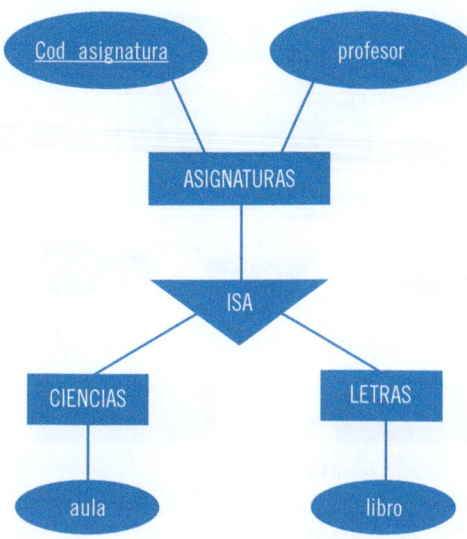

*Generalización de las dos entidades en otra de un nivel más alto,
la cual contiene la clave y atributo común.*

A continuación se muestra una tabla-resumen de los dos conceptos: generalización y especialización. En ella se recogen los principales puntos clave a tener en cuenta.

 ## Actividades

8. ¿Cómo se representa en el diagrama entidad-relación la generalización?
9. Investigue si existe alguna tipología de la generalización.
10. ¿Cuál es la diferencia entre generalización y especificación?

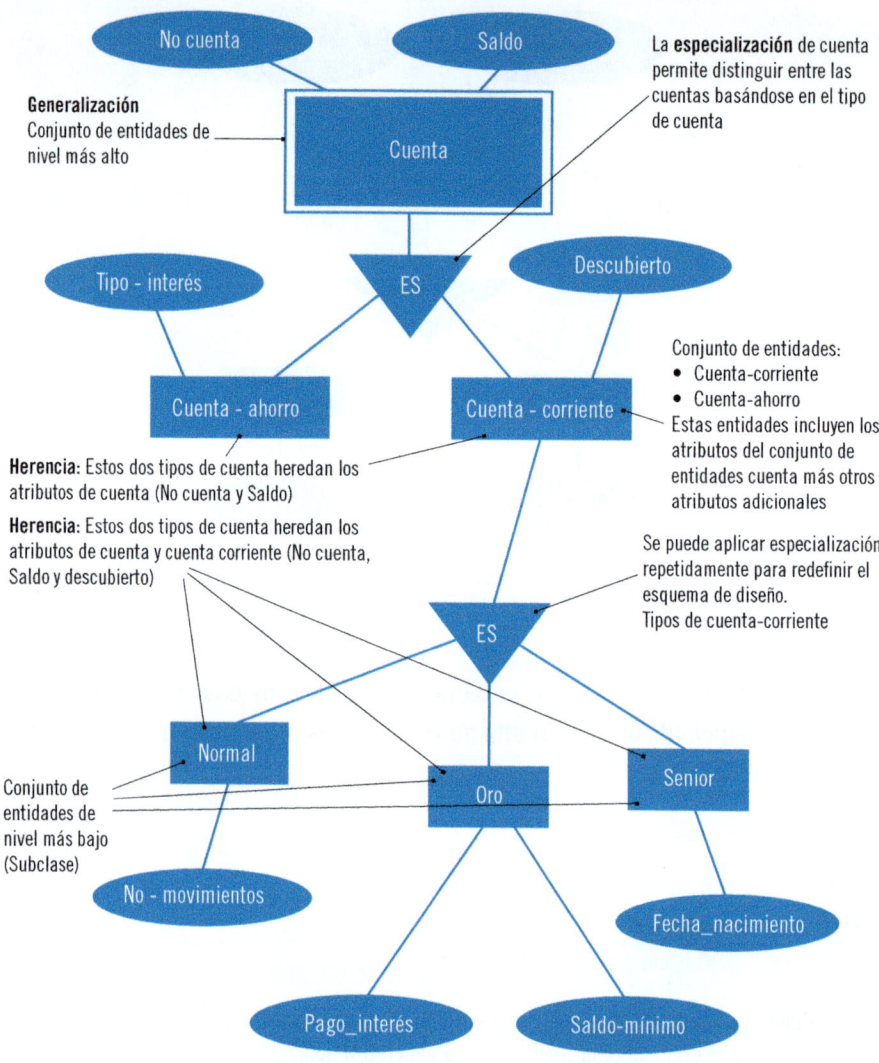

Paso a tablas de una generalización o especialización

El paso a tabla de una generalización o especialización se realiza exactamente igual, cumpliendo las siguientes características:

■ Se crearán tantas tablas como entidades del nivel que sea:

▮ Nombre tabla alto nivel = Nombre entidad de más alto nivel

▮ Nombre tabla bajo nivel = Nombre entidad de nivel más bajo
▮ Campos tabla alto nivel = Atributos propios
▮ Campos tabla bajo nivel = Atributos propios más la clave primaria
del conjunto más alto nivel
▮ Clave tabla = Clave de entidad con más alto nivel

Por lo tanto, si se realiza el paso a tabla de la imagen 5-15, cuya generalización está compuesta por las entidades "Asignatura", la cual es de más alto nivel,
y a un nivel más bajo "Ciencias" y "Letras", quedaría de la siguiente manera:

ASIGNATURA (Cód_asignatura, Profesor_A)

CIENCIAS (aula, Cód_asignatura,

LETRAS (Cód_asignatura, libro)

Cód_Asignatura	Profesor
001	Antonio
002	María
...	.....

Cód_Asignatura	Aula
001	108
002	120
...	.....

Cód_Asignatura	Libro
001	Lengua
002	Literatura
...	.....

Paso a tabla de la generalización

5.5. Agregación

La agregación es utilizada en caso de que existan relaciones entre entidades que constituyen en sí un conjunto de entidades, estas tienen sus propios atributos y se relacionan con otro conjunto de entidades.

La diferencia entre una relación ternaria y una agregación radica en que en una agregación cada par de entidades se relaciona con la otra entidad a la vez que las entidades de la agregación se relacionan entre ellas.

Importante

En una relación ternaria, las tres entidades se vinculan a la vez.

Se representa mediante un recuadro que rodea al rombo del conjunto de relaciones o a los conjuntos de entidades y relaciones.

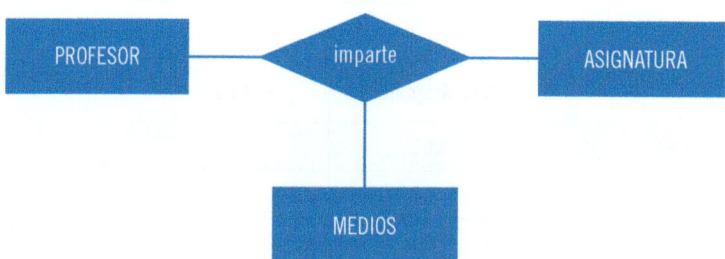

Representación de una AGREGACIÓN, donde se encuadra la relación y entidades que relacionan con otra entidad o solamente la relación, puesto que no puede existir una relación entre varias relaciones ni entidades.

Actividades

11. Busque y plantee casuísticas en las cuales exista la necesidad de utilización de una agregación y NO una relación ternaria.
12. ¿Cree usted que es más común encontrarse con situaciones en las cuales utilizar una relación ternaria que una agregación? Razone la respuesta.

Paso a tablas de una agregación

El paso a tablas de una agregación se realizará en función de la relación de cardinalidad que exista en la agregación y el tipo de entidad, si es débil o fuerte, es decir, se crea una tabla para cada entidad y una tabla para cada conjunto de entidades, a excepción de relaciones 1:N o N:1.

A continuación, se estudiarán dos ejemplos posibles y su paso a tablas con esta cardinalidad.

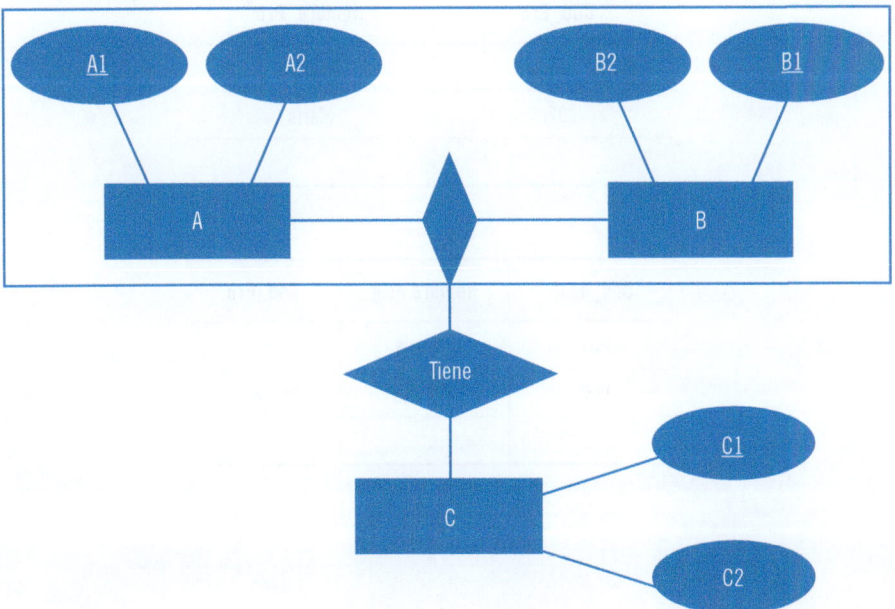

Representación de una agregación mediante la cual se estudiará su paso a tabla según la cardinalidad que exista en la relación "TIENE".

Recuerde

De acuerdo con la relación de cardinalidad se realizará el paso a tablas, teniendo siempre en cuenta el tipo de entidad.

Por lo tanto, si se realiza el paso a tabla de la imagen 5-19, cuya relación "Tiene" posee una cardinalidad de 1: N, habrá que organizarse así:

> A (A1, A2) donde A es "profesor"
>
> B (B1, B2, A1) donde B es "asignatura"
>
> C (C1, C2, A1, B1) donde C es "medios"

Cód_Pro	Nombre_Pro
01	Antonio
02	María
...	.....

Cód_Asig	Nombre Asig	Cód_Pro
P01	Lengua	01
P02	Historia	02
...	.....	...

Cód_Medio	Nombre_Medio	Cód_Pro	Cód _Asig
A1	Proyector	01	P01
A2	Radio	02	P02
...	....	....	.....

Paso a tabla de la agregación con cardinalidad 1: M

Ahora, se mostrará el ejemplo inverso del paso a tabla de la imagen 5-19, cuya relación "Tiene" posee una cardinalidad de N:1:

A (<u>A1</u>, A2) donde A es "profesor"

B (<u>B1</u>, B2, A1, C1) donde B es "asignatura"

C (<u>C1</u>, C2) donde C es "medios"

Cód_Pro	Nombre_Pro
01	Antonio
02	María
...	.....

Cód_Medio	Nombre_Medio
A1	Proyector
A2	Radio
...	....

Cód_Asig	Nombre Asig	Cód_Pro	Cód_Medios
P01	Lengua	01	A1
P02	Historia	02	A2
...	......	....	......

Paso a tabla de la agregación con cardinalidad M: 1. Recae en B c1, puesto que se considera el "muchos" de la relación entre A y B

Aplicación práctica

Se encuentra en la situación de que tiene dos conjuntos de entidades, una que es Acción y otra que son los Clientes que compran esas acciones, por lo tanto, tiene una relación "Clientes compran Acciones".

¿Cuál cree que sería una representación correcta si le indican lo siguiente:

"También se almacenan las órdenes de compraventa de acciones de los clientes"?

SOLUCIÓN

La mejor solución ante esta propuesta o indicación sería realizar una agregación a la relación CLIENTES COMPRAN ANCCIONES y de ahí saldría otro conjunto de entidades con la relación CORRESPONDE y el conjunto de entidades ÓRDENES.

Se realiza una agregación, puesto que la relación CLIENTES COMPRAN ACCIONES, cuando se relacionan entre ellas, pueden relacionarse con órdenes. Si se representara con un relación ternaria esta situación no se podría dar, tendrían que estar las tres entidades relacionadas simultáneamente.

6. Desarrollo de diversos supuestos prácticos de modelización mediante diagramas de entidad-relación

En este apartado se expondrá una serie de supuestos prácticos que engloban y recapitulan todo lo explicado en el tema.

6.1. Supuesto 1

Se parte de la siguiente información acerca de una cadena editorial:

- La editorial tiene varias sucursales, con su domicilio, teléfono y un código de sucursal.
- Cada sucursal tiene varios empleados, de los cuales se tienen sus datos personales, DNI y teléfono. Un empleado trabaja en una única sucursal.
- En cada sucursal se publican varias revistas de las que se almacenará su título, número de registro, periodicidad y tipo.
- La editorial tiene periodistas (que no trabajan en las sucursales) que pueden escribir artículos para varias revistas. Se almacenarán los mismos datos que para los empleados, añadiendo su especialidad. Se guardarán también las secciones fijas de cada revista, que tendrán un título y una extensión.
- Para cada revista, se almacenará información de cada número, que incluirá la fecha, número de páginas y el número de ejemplares vendidos.

Realice el diagrama entidad-relación y seguidamente su paso a tablas.

Diagrama entidad-relación

Se comenzarán a representar las sucursales que tienen empleados, las dos serán entidades fuertes puesto que cuentan con sus atributos clave cada una y la cardinalidad es de N:1.

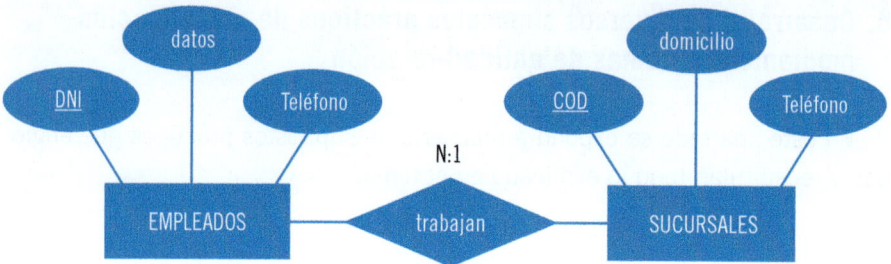

Representación E-R relación "Empleados trabajan en sucursales"

A continuación, se efectuará la relación de "Sucursales publican revistas" que a la vez son escritas por periodistas, donde la cardinalidad entre "Sucursales publican revistas", será de 1:N y la de la relación "Periodistas escriben revistas" será de N: M.

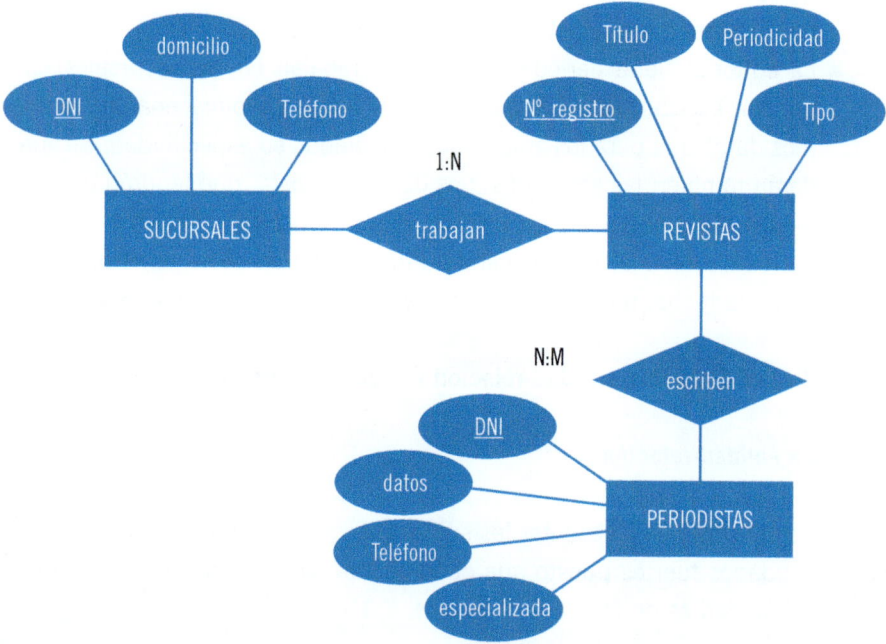

Representación E-R relación "Sucursales publican revistas escritas por periodistas"

Ahora se van a reflejar las relaciones de "Revista tienes secciones" y "Revista vende números", donde "secciones" y "números" serán dos entidades débiles, ya que dependerán de "revista". Ambas relaciones serán de 1:N.

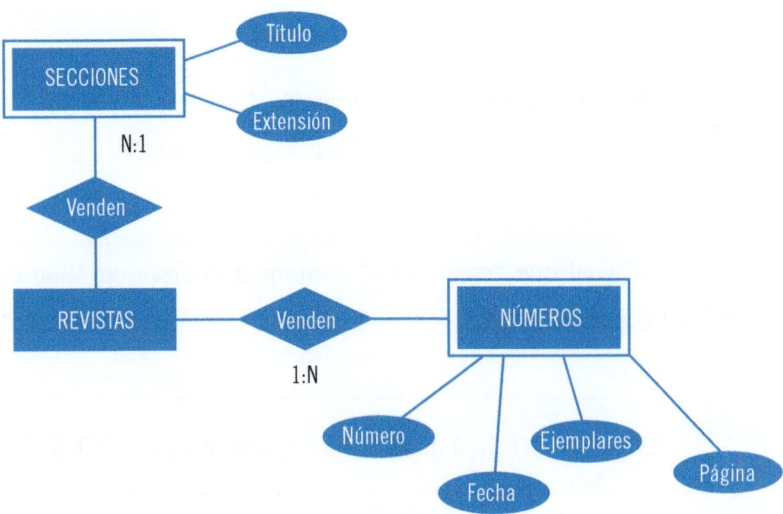

Representación E-R relación "Revistas tiene secciones y vende números"

Una vez realizadas todas las relaciones, el esquema final quedaría de la siguiente manera:

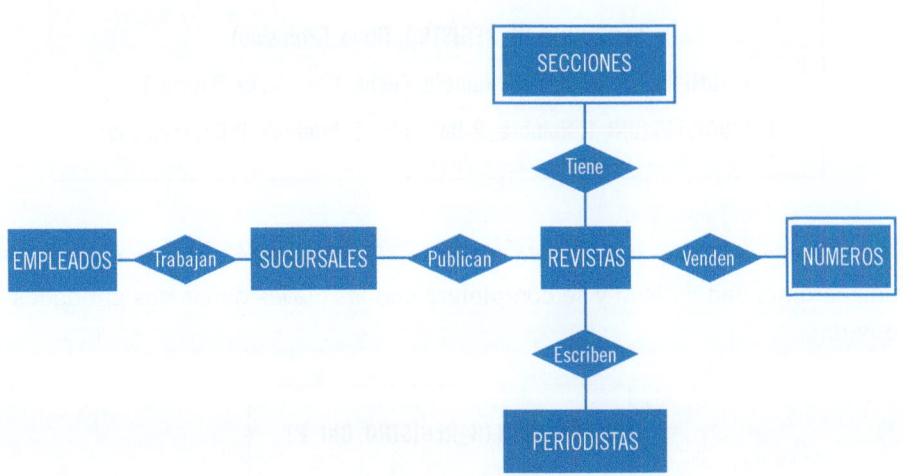

Representación del esquema E-R que daría forma al enunciado. Las relaciones y atributos se han ido reflejando en cada paso.

Paso a tablas

"Empleados" contendrá la clave de "Sucursales", puesto que es una relación N:1, muchos recibe la clave de uno.

> **EMPLEADOS (<u>DNI_E</u>, Nombre_E, Domicilio_E, Teléfono_E, CÓD_S)**
>
> **BSUCURSALES (<u>CÓD_S</u>, Domicilio_S, Teléfono_S)**

"Revistas" al igual que "empleados" contendrá la clave de "Sucursales", puesto que es una relación de 1:N.

> **REVISTAS (N_REGISTRO, Título_R, Periodicidad_R, Tipo_R, CÓD_S)**

"Secciones" y "Números" recibirán las claves de "Revistas" puesto que son entidades débiles y su clave estará formada por la clave de "revistas" más la correspondiente a cada una.

> **SECCIONES (N_REGISTRO, Título, Extensión)**
>
> **NUMEROS (N_REGISTRO, Número, Fecha, Ejemplares, Páginas)**
>
> **PERIODISTAS (DNI_P, Nombre_P, Domicilio_P, Teléfono_P, Especialidad)**

La única relación que pasaría a tabla sería "Escriben" puesto que tiene una cardinalidad de N:M y se completará con las claves de las dos entidades que une.

> **ESCRIBEN (N_REGISTRO, DNI_P)**

Aplicación práctica

Si usted se encuentra desarrollando el supuesto anterior y hubiera considerado que la especialidad no fuese del periodista, sino que dependía de la revista en la que publicase, ¿cómo cree usted que hubiera influido en el paso a tabla?

SOLUCIÓN

Hubiera sido un atributo descriptivo y, por tanto, el paso a tablas de "periodistas" y "escriben" sería el siguiente:

PERIODISTAS (DNI_P, Nombre_P, Domicilio_P, Teléfono_P)

ESCRIBEN (N_REGISTRO, DNI_P, Especialidad)

6.2. Supuesto 2

Un parque de atracciones está interesado en crear una base de datos sobre el uso de sus atracciones y los propietarios que trabajan en las mismas. Para ello, se cuenta con los datos siguientes:

- Para cada atracción se guarda un código (que es único para cada atracción del parque), un nombre de la atracción, el año de inauguración, un valor que indica el tramo de edad al que va dirigido la atracción (por ejemplo: infantil, juvenil, adulto) y un indicador de la peligrosidad de la atracción (por ejemplo, 1,2,3,4,5).
- Para cada atracción se desean almacenar los datos relativos a cada uno de los viajes que realiza, indicando para cada viaje la fecha, hora y número de personas que han subido a la atracción.
- Para cada atracción se desean registrar las posibles incidencias que se produzcan. Las incidencias no están catalogadas. Para cada incidencia se almacenará un código de la incidencia, que será único; la fecha en la que se ha producido la incidencia; y una descripción de la incidencia.

- En las atracciones trabajan operarios. De cada operario se guarda su DNI, nombre, dirección, teléfono, fecha de nacimiento y las distintas funciones que son propias del operario, independientemente de la atracción en la que trabaje.

- Los operarios trabajan en turnos y atracciones variables, de forma que van rotando en la hora y en la atracción en la que trabajan. Cada vez que un operario realice una jornada de trabajo se anotará la fecha, la hora de inicio, la hora de fin y la atracción en la que ha trabajado. Un operario podrá realizar más de un turno de trabajo el mismo día en la misma atracción.

Realice el diagrama entidad-relación y, seguidamente, su paso a tablas.

Diagrama entidad-relación

Se comenzará representando la relación entre "Atracción" y "Viajes" donde "Viajes" va a ser una entidad débil, puesto que dependerá de "Atracción". Cardinalidad 1:N.

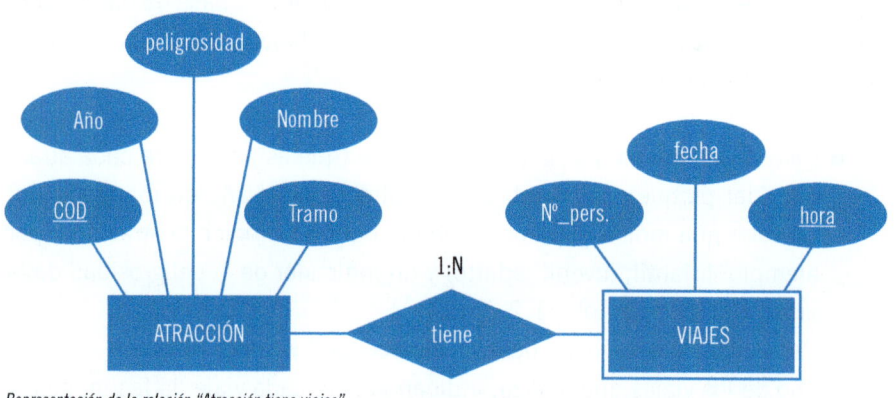

Representación de la relación "Atracción tiene viajes"

A continuación, se va a representar la relación "Atracción produce incidencias". Relación de 1:1.

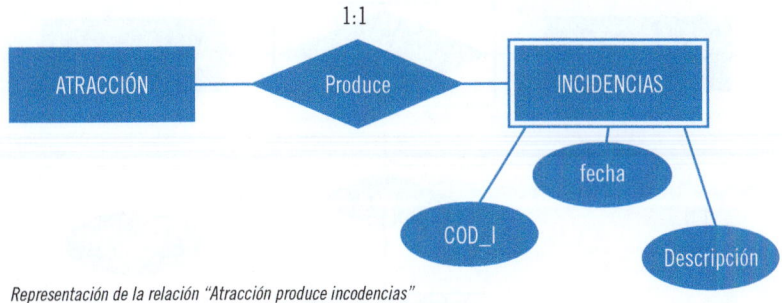

Representación de la relación "Atracción produce incodencias"

Siguiendo el enunciado tocaría representar la relación "Atracción trabajan operarios", donde "operarios" tendrá un atributo multivaluado, que será "funciones". Cardinalidad N: M.

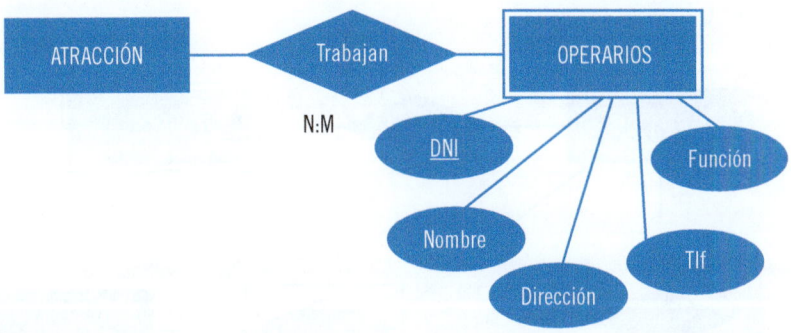

Representación de la relación "Atracción trabajan operarios", destacando "función" que es un atributo multivaluado.

Por último, quedaría representar la aparición del concepto "Jornada" que es realizada por un operario en una atracción, por lo tanto, aquí se tiene una agregación, y "Jornada" aparecerá como una entidad débil. Cardinalidad 1:N.

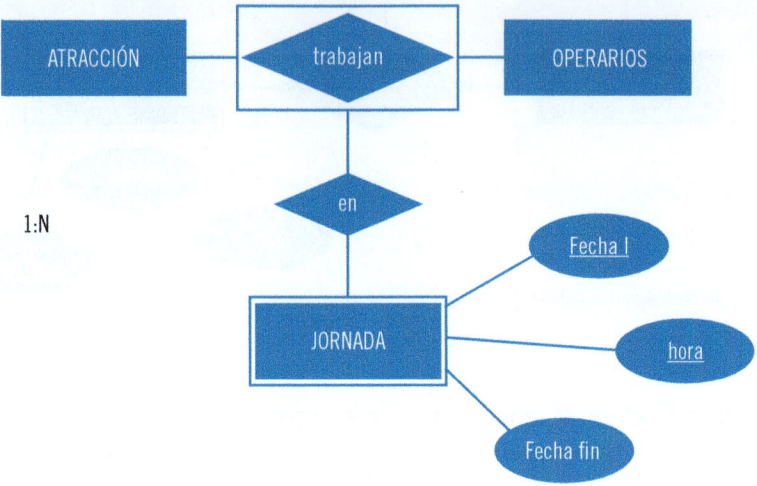

Representación de la relación "Atracción trabajan operarios"

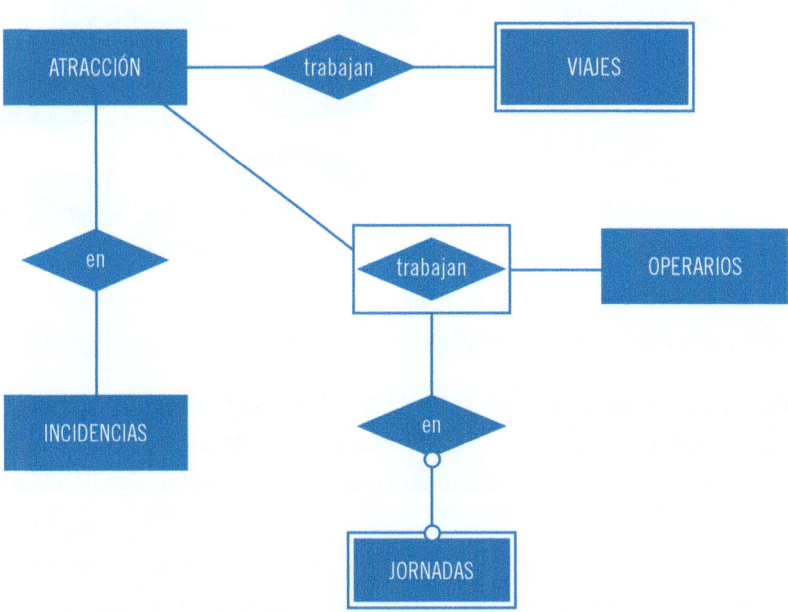

Representación del enunciado mediante el diagrama E-R

Paso a tablas

"Atracción" es una entidad fuerte, la cual no hereda ningún atributo de ninguna relación, pasando a tabla solo sus atributos.

ATRACCIÓN (<u>CÓD_A,</u> Nombre, Año_A, Peligrosidad_A, Tramo_A)

Al realizar el paso a tabla de "Viajes" y ser una entidad débil, tomará la clave de "Atracción". "Incidencias" también recogerá la clave de "Atracciones", pero no porque sea una entidad débil, puesto que es fuerte, sino porque su relación es de 1:N.

VIAJES (<u>CÓD_A, FECHA_V, HORA_V,</u> N_personas_V)

INCIDENCIAS (<u>CÓD_I,</u> Fecha, Descripción, CÓD_A)

Ahora se realizará el paso a tabla de "Operarios" y el atributo multivaluado "función", que pasará como si fuese una entidad débil, por lo tanto, recogerá la clave de "operarios".

OPERARIOS (<u>DNI_O,</u> Nombre_O, Dirección_O, Tlf_O)

FUNCIÓN (<u>FUNCIÓN, DNI_O</u>)

La representación de la relación N: M entre "Atracción" y "operarios trabajan" tomará las dos claves de las entidades que relaciona.

> **TRABAJAN (<u>DNI O</u>, <u>CÓD A</u>)**

Por último, se pasará a tablas la agregación, que contendrá sus atributos más las claves de las dos entidades relacionadas con ella en la agregación.

> **JORNADA (<u>FECHA INICIO J</u>, HORA_J, Fecha fin_J, <u>DNI O</u>, <u>CÓD A</u>)**

 ## Actividades

13. Busque una posible situación para realizar su representación en E-R.
14. Represente en E-R el ejemplo buscado.
15. Realice el paso a tablas del ejemplo anteriormente pasado a E-R.

 ## Aplicación práctica

Si usted tuviera que representar un atributo multivaluado, ¿cree que representarlo como una entidad débil sería un error?

Justifique su respuesta.

SOLUCIÓN

Por supuesto que no, un atributo multivaluado puede representarse como un atributo indicando que es multivaluado (M*) o como una entidad débil, poniendo como atributo el mismo.

Esto no daría lugar a ningún error, puesto que su pasa a tabla es el mismo.

6.3. Supuesto 3

Una empresa de gestión de inversiones desea crear una base de datos para manejar la cartera de acciones y órdenes de compraventa de sus clientes.

- Para cada una de las acciones se guarda el nombre de la empresa, su CIF, siglas, domicilio y capital social. Además, se almacenan las cotizaciones de las acciones con la fecha, la hora y la cotización y se almacenan las cotizaciones de las acciones, con la fecha, la hora y la cotización.
- De los clientes se tiene su nombre, NIF, domicilio y teléfono. Cada cliente tiene una cartera de valores, compuesta de distintas cantidades de acciones.
- También se almacenan las órdenes de compraventa de acciones de los clientes. Para cada orden se dispone de la fecha, el tipo de orden, la cantidad de acciones compradas o vendidas y el precio.

Realice el diagrama entidad-relación y, seguidamente, su paso a tablas.

Diagrama entidad-relación

En primer lugar, se va representar la relación de "Acciones poseen cotizaciones", donde "Acciones" es una entidad fuerte y "cotizaciones" una entidad débil puesto que depende del CIF de la acción. La cardinalidad será de 1:N.

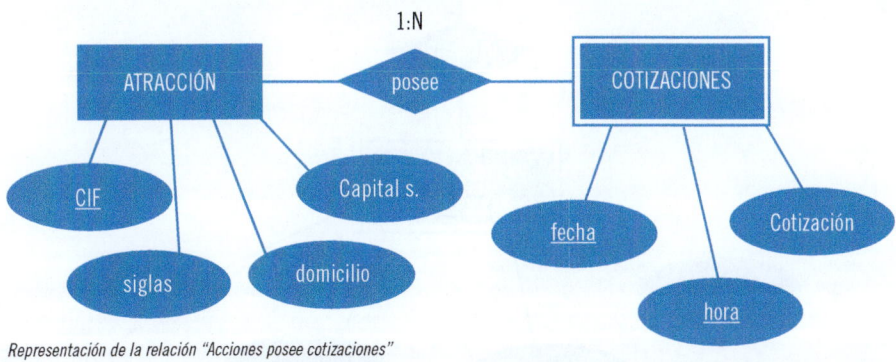

Representación de la relación "Acciones posee cotizaciones"

A continuación, se reflejará la relación "Clientes compran acciones", con un atributo descriptivo en la relación que será la cantidad de acciones. Además, en la entidad "Clientes" habrá un atributo multivaluado que será "teléfonos". Cardinalidad N:1.

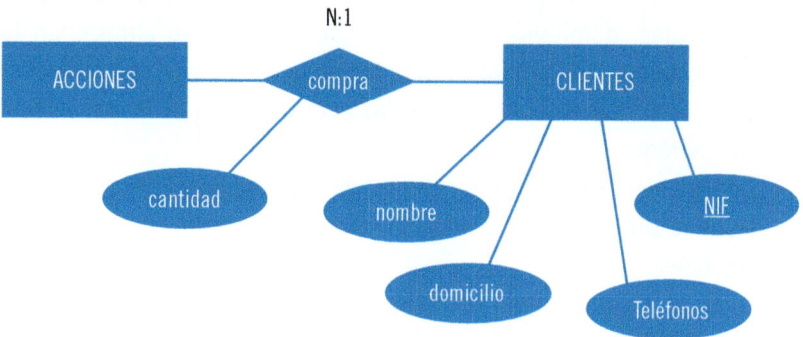

Representación de la relación "Acciones son compradas por clientes"

Por último, quedaría la relación de las órdenes, dando lugar a una agregación, puesto que se relaciona con "acción" y "clientes" a la vez. Además, la entidad "orden" será una entidad débil, puesto que dependerá de las claves de "acciones" y "clientes". Cardinalidad de 1:N, representándose de la siguiente manera:

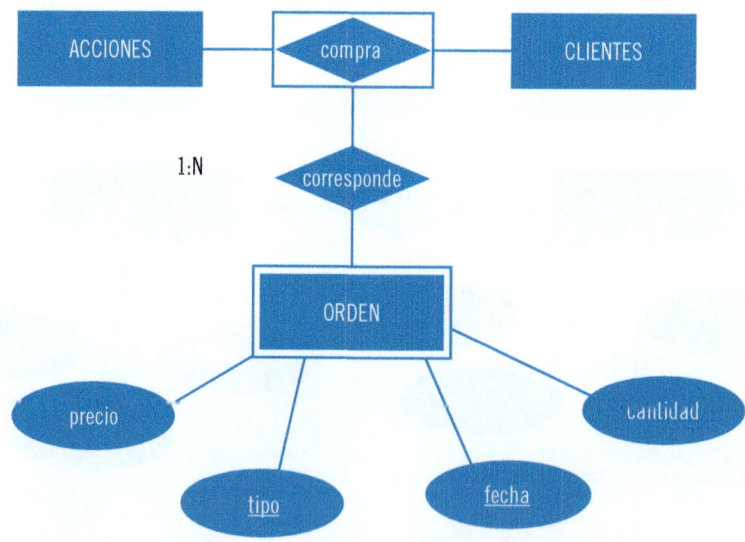

Representación de la agregación de "orden" a la relación "Acciones compra clientes"

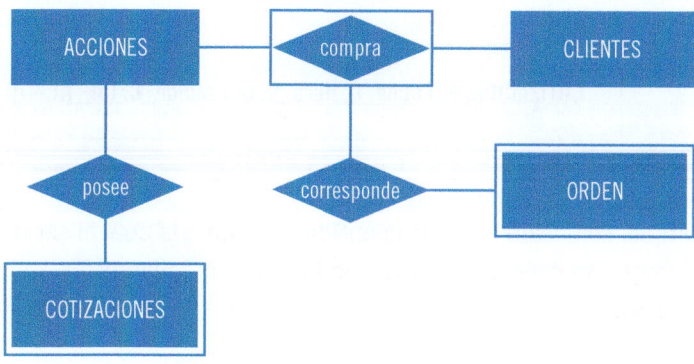

Representación del supuesto 3 con el diagrama E-3

Paso a tablas

Se realizará el paso a tabla de "Acción", que es una entidad fuerte, pero con una relación de N:1 con "clientes" y un atributo descriptivo, por lo tanto, su paso a tabla constará de sus atributos, el atributo descriptivo y la clave de "clientes".

ACCIÓN (CIF_A, siglas_A, Domilicio_A, capital social_A, cantidad, NIF_C)

"Clientes" es una entidad fuerte que no heredará atributos que no sean suyos, puesto que está en la parte de la relación 1. Sin embargo, se creará una tabla con "Teléfonos" como entidad débil, por lo tanto, heredará la clave de "clientes".

CLIENTES (NIF_C, nombre_C, domicilio_C)

TELÉFONOS (NIF_C, teléfono)

El siguiente paso a tablas será el de "Cotizaciones" que es una entidad débil, por lo tanto, heredará la clave de "acción" que pasará a formar parte de su clave primaria.

```
COTIZACIONES (Fecha_C, Hora_C, Cotización_C, CIF_A)
```

Por último, se pasará a tablas la entidad "orden", la cual al ser débil y estar en una agregación cogerá las claves de la relación "clientes" y "acción" para formar su clave.

```
CORDEN (precio_O, Tipo_O, Fecha_O, Cantidad_O, NIF_C, CIF_A)
```

7. Resumen

El modelo entidad-relación es una herramienta muy potente y que ayuda a la representación de la realidad para poder extrapolarla a una base de datos.

El proceso de definición y diseño exige tener en cuenta todas las exigencias de los usuarios. El modelo E-R tiene una notación compuesta por atributos, relaciones y entidades. Todos estos elementos se representarán gráficamente de distinta manera para la elaboración del modelo; los atributos mediante elipses; las relaciones mediante un rombo; y las entidades mediante un cuadrado. Asimismo, tendrán como identificación el nombre del atributo, de la entidad o relación.

Estos elementos solos no pueden en algunos casos llegar a la más exacta representación de la realidad, por tanto, aparecen nuevos conceptos como son la "cardinalidad"; tipos de entidades fuertes y débiles; distintos tipos de atributos y los conceptos de "herencia" (generalización y especificación) y "agregación". Estos conceptos ayudarán en el modelado a una representación más exacta de todos los aspectos de una aplicación.

La utilización de los distintos elementos hace que su paso a tablas, esto es, su representación mediante un conjunto de tablas, cumpla unas características u otras.

Suele existir una tabla por cada entidad, la cual llevará el mismo nombre que la entidad. También se crearán tablas en relaciones de N: M, donde cada tabla constará de una serie de columnas; cada una será un atributo con un nombre único. El paso a tablas representará las distintas entidades, relaciones o conceptos especiales para la representación más exacta del modelo.

Ejercicios de repaso y autoevaluación

1. ¿Cómo definiría el modelo de entidad-relación?

_____
_____
_____
_____

2. Señale si las siguientes afirmaciones son verdaderas o falsas.

   a. Un atributo es una información acerca de la relación.

      ☐ Verdadero
      ☐ Falso

   b. Una entidad se representa con un rectángulo.

      ☐ Verdadero
      ☐ Falso

3. Señale los principales tipos de relaciones entre entidades.

   a. Relación recursiva.
   b. Relación polar.
   c. Relación entidad.
   d. Relación binaria.
   e. Relación ternaria.

4. Marque la respuesta correcta. Una entidad que contiene una clave primaria se considera una entidad...

   a. ... principal.
   b. ... débil.
   c. ... fuerte.
   d. ... recursiva.

5. ¿Cómo definiría una entidad débil?

_____

_____

_____

_____

6. Indique cuál de las siguientes definiciones atiende al significado de las siglas N:M en la cardinalidad:

    a. Uno a muchos.

    b. Muchos a muchos.

    c. Muchos a uno.

7. Señale cuáles son los tipos de atributos existentes:

    a. Descriptivo.

    b. Individual.

    c. Global.

    d. Multivaluado.

    e. Monovaluado.

    f. Binario.

    g. Discriminante.

8. Marque cómo se denota una especialización o generalización:

    a. Círculo.

    b. Triángulo.

    c. Cuadrado.

9. Complete el siguiente texto.

Una especialización presentará _____ si un mismo ejemplar de la superclase pertenece a una _____.

10. **¿Cómo terminaría la siguiente oración: "En la especialización se crearán tantas tablas..."?**

   a. ... como entidades del nivel que sea en el paso a tablas.
   b. ... como entidades de nivel alto.
   c. ... como atributos existan.

11. **¿Cómo puede definirse una agregación?**

   _____
   _____
   _____
   _____

12. **¿Cómo se representa una agregación?**

   a. Mediante un triángulo en los atributos.
   b. Un cuadrado a la relación.
   c. Un círculo a la entidad.

13. **Se crea tabla en el paso a tabla de una cardinalidad 1:N o N:1.**

   a. Falso, porque cuando hay una relación de 1:N no se crea una tabla con la relación, si no la entidad de 1 recibe la clave de la entidad N.
   b. Verdadero, porque se crea una tabla con la relación que contendrá las dos claves de las tablas relacionadas.

14. **El paso a tabla de una cardinalidad N: M...**

   a. ... creará una nueva tabla.
   b. ... no creará ninguna tabla.
   c. ... hará que las tablas hereden sus atributos.

15. Complete el siguiente texto.

Una base de datos que se modela mediante un diagrama E-R puede representarse mediante un conjunto _____. Normalmente, una tabla suele existir para cada _____ y _____, cuya tabla lleva el mismo _____ del conjunto de entidades o conjunto de relaciones.

Capítulo 4

Modelo orientado a objetos

Contenido

1. Introducción

El lenguaje de modelo unificado (UML) es una herramienta gráfica utilizada para modelar varios componentes de un sistema *software.* Entre sus componentes existen:

- Diagramas de clases
- Diagramas de casos de usos
- Diagramas de actividad
- Diagramas de implementación

Este lenguaje ha dado lugar a una única notación para la representación del diseño orientado a objetos. UML es el resultado de una consolidación de muchas notaciones y conceptos usados orientados a objetos.

Inicialmente, comenzó como la fusión del trabajo de Grade Booch, James Rumbaugh e Ivar Jacobson, los cuales fueron los creadores de las tres metodologías orientadas a objetos más famosas.

2. Contextualización del modelo orientado a objetos dentro del modelado UML

El lenguaje UML *(Unified Modelling Language)* se utilizará para escribir planos de *software.* Este puede utilizarse para:

- **Visualizar:** mediante símbolos gráficos realizará la visualización del sistema.
- **Especificar:** contempla todas las decisiones de análisis, diseño e implementación que deban realizarse en el sistema.
- **Construir:** facilidad para la interconexión de forma directa con otros lenguajes.
- **Documentar:** la documentación se compondrá por los requisitos necesarios, la arquitectura, el diseño, código fuente, la planificación, pruebas, prototipos y distintas versiones del sistema.

 Importante

Las principales características a tener en cuenta de UML son los bloques de construcción, las reglas y los mecanismos comunes aplicados a través de UML.

El lenguaje UML posee tres bloques de construcción principales:

- **Elementos.** Los elementos del lenguaje se definirán como ciudadanos de primera clase en un modelo.
- **Relaciones.** Las relaciones harán la conexión entre los distintos elementos. Existen varios tipos de dependencias, representadas con «extend» o «include».
- **Diagramas.** Los diagramas agruparán las colecciones de elementos.

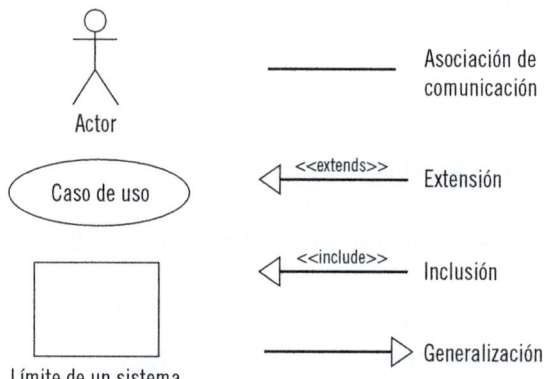

Elementos que se utilizan en el lenguaje UML

2.1. Tipos de elementos

El lenguaje UML cuenta con numerosos elementos, los cuales interaccionan entre ellos con numerosas reglas y mecanismos para su ejecución. Se clasifican en los siguientes tipos:

- **Elementos estructurales:** representan principalmente todos los elementos conceptuales, siendo las partes estáticas del modelo.
- **Actores:** donde un actor es algo o alguien que puede interaccionar con el sistema.
- **Casos de uso:** reflejan un conjunto de acciones y producen un resultado para un actor en particular.
- **Clases:** descripción de un conjunto de objetos que tienen las mismas operaciones, atributos y nombre.
- **Objetos:** se puede definir como una solicitud de alguna clase.
- **Elementos de comportamiento:** serían las partes más dinámicas del modelo y mostrarán los distintos comportamientos en el tiempo y espacio de los objetos.
- **Mensaje:** usado para la comunicación entre objetos.
- **Elementos de agrupación:** se utilizan fundamentalmente para la organización de los elementos, formando la parte organizativa del modelo.
- **Paquete:** sirve para organizar los distintos elementos en grupos. Solo a nivel conceptual.

 Actividades

1. Busque qué proporciona el paquete a la hora del diseño conceptual y por qué no se refleja en el sistema. Reflexione acerca de ello.

2.2. Tipos de diagramas

Dentro del lenguaje UML existe una serie de diagramas, estos describen los contenidos de las distintas vistas.

- **Diagramas para diseñar el comportamiento del sistema.** Mediante estos diagramas se podrán observar los distintos estados por los que pasan los objetos para responder a los sucesos.

Los diagramas para diseñar el comportamiento del sistema pueden ser de casos de uso, de secuencia, de colaboración, de estados y de actividades.

- **Diagramas de casos de uso:** reflejan la funcionabilidad del sistema respecto a los usuarios.
- **Diagramas de secuencia:** muestran las distintas secuencias entre elementos ordenadas de forma temporal. Con este tipo de diagramas se pueden contemplar los distintos escenarios que dan lugar a los diagramas de los casos de uso.
- **Diagramas de colaboración:** contienen las llamadas entre los objetos.
- **Diagramas de estados:** se consideran la vista dinámica del sistema. Se pueden observar los distintos estados como transiciones, actividades y eventos.
- **Diagramas de actividades:** mostrarán las distintas actividades dentro del sistema.

- **Diagramas para diseñar la estructura del sistema.** Mediante estos diagramas se va a diseñar y elaborar toda la relación entre objetos e infraestructura contenida.

  - **Diagramas de clases:** un diagrama de clases va a contener un conjunto de clases y sus distintas relaciones existentes.
  - **Diagrama de objetos:** contendrá todos los objetos y sus distintas relaciones.
  - **Diagrama de componentes:** muestra las dependencias y organización entre los componentes.
  - **Diagrama de despliegue:** en el tiempo de ejecución refleja la infraestructura.

Recuerde

Los diagramas para diseñar la estructura del sistema pueden ser de clases, de objetos, de componentes y de despliegue.

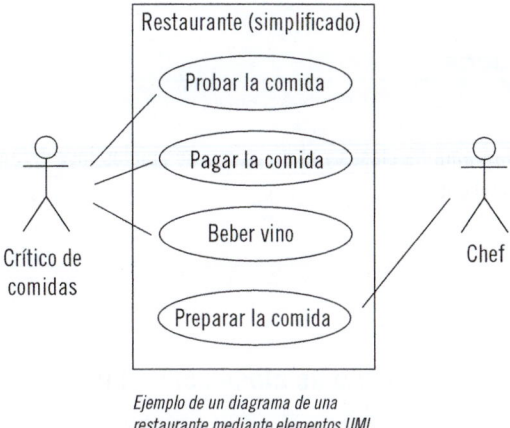

Ejemplo de un diagrama de una restaurante mediante elementos UML

Ejemplo de una red de impresión informática en la metodología UML

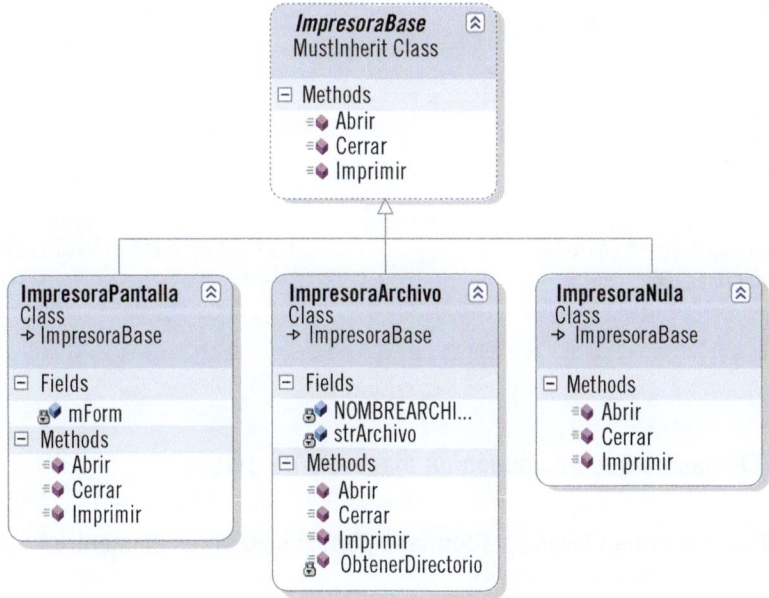

Actividades

2. Analice el diagrama de clases y el diagrama de objetos investigando sobre las diferencias que presentan.

3. Comparación del modelo de clases con el modelo entidad-relación

Pueden usarse diagramas de clase para el diseño de base de datos, pero a diferencia del modelo E-R, UML modela objetos que ofrecen métodos y no solo entidades.

Nota

En función de los equivalentes en E-R, pueden indicarse los constructores básicos de los diagramas UML.

3.1. Elementos que componen un diagrama de clases

El diagrama de clases está formado por los siguientes elementos:

Clase

Valor igual al de una entidad en el modelo E-R. Unidad que contiene toda la información de un objeto. Una clase se encuentra representada por un rectángulo dividido en tres partes.

<Nombre de clase>
<Atributos>
<Operaciones o métodos>

Clase representada en UML. La parte superior contiene el nombre de la clase, la intermedia, los atributos que caracterizan la clase y la inferior, los métodos u operaciones.

Atributos

Los atributos -al igual que en E-R serán las características de una entidad, aquí lo son de una clase- podrán clasificarse en tres tipos, teniendo en cuenta el grado de comunicación y visibilidad.

- *Public (+,* 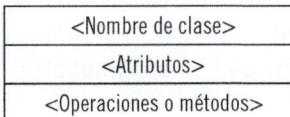 *):* será visible el atributo fuera y dentro de la clase, por lo tanto, totalmente accesible.

- *Private (-,* ◆ *):* al atributo solo se podrá acceder dentro de la clase.

- *Protected (#,* ◆ *):* no se podrá acceder al atributo desde fuera de la clase, pero sí por los métodos de la clase y subclases.

Alumnos
◆ Cód_Alumno:int
<Operaciones o métodos>

Clase representada en UML. La parte superior contiene el nombre de la clase, en este caso ALUMNO, la intermedia, los atributos que caracterizan la clase, tomando como ejemplo CÓD_ALUMNO y la inferior, los métodos u operaciones.

Métodos

Mediante los métodos se refleja la manera de relacionarse con el entorno. Podrán clasificarse en tres tipos, teniendo en cuenta el grado de comunicación y visibilidad.

- *Public (+,*  *):* el método será visible fuera y dentro de la clase, por lo tanto, totalmente accesible.

- *Private (-,* ◆ *):* al método solo se podrá acceder desde dentro de la clase.

- **Protected (#, 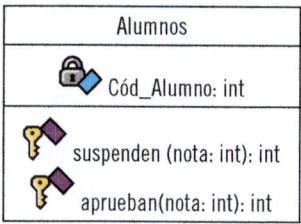):** no se podrá acceder al método desde fuera de la clase, pero sí por otros métodos de la clase y subclases.

Alumnos
🔒◆ Cód_Alumno: int
🔑◆ suspenden (nota: int): int 🔑◆ aprueban(nota: int): int

Clase representada en UML. La parte superior contiene el nombre de la clase, en este caso ALUMNO, la intermedia, los atributos que caracterizan la clase, tomando como ejemplo CÓD_ALUMNO y la inferior, los métodos u operaciones, que en este caso son SUSPENDEN o APRUEBAN devolviendo un entero.

 **Actividades**

3. ¿Qué diferencia existe entre un método y un atributo

Relaciones entre clases

Las distintas relaciones se representan en UML mediante una línea que conecta las clases relacionadas y junto a ellas se indica el nombre.

La cardinalidad es muy similar a la del diagrama E-R. Son las siguientes:

- **Relación 1-N o N-1:** relación mínima una entidad con máximo a muchas.
- **Relación 0-N o N-0:** relación de mínimo cero a un máximo de muchas.
- **Relación un número fijo:** se indica un número fijo en la relación que no tiene que ser ni 1 ni 0.

Importante

Las restricciones de cardinalidad se expresan con el formato "min...max...", donde "min" es el mínimo de relaciones en las cuales puede participar el objeto y "max", el número máximo. ¡Cuidado! Su significado es el inverso del representado en los diagramas E-R (cardinalidad de entrada).

Asociación

Permite relacionar objetos describiendo así una conexión entre tales. Pueden ser unidireccionales ⎯⎯⎯▷, pero normalmente son bidireccionales.

Asociación unidireccional

Asociación bidireccional

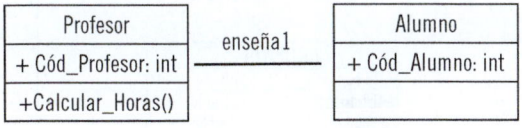

Aplicación práctica

Si usted se encontrara en la situación de tener que diseñar un diagrama de clases para el banco en el que trabaja y principalmente le piden que muestre al usuario y las distintas opciones de realizar en el cajero.

Continúa en página siguiente >>

<< Viene de página anterior

Los principales objetos deben ser: CAJERO, USUARIO Y CUENTA.

Debe indicar las operaciones que crees que son más comunes entre estos tres objetos, como podrían ser: Validar Cuenta, Introducir datos, Validar Datos, Validar Banco... entre otras.

Esboce una posible solución.

SOLUCIÓN

Existirían numerosas opciones en función del alcance que se le quisiera dar, uno de los ejemplos que podría representarlo sería el siguiente cuadro:

Propuesta de una causística de un cajero representado en un diagrama de clases

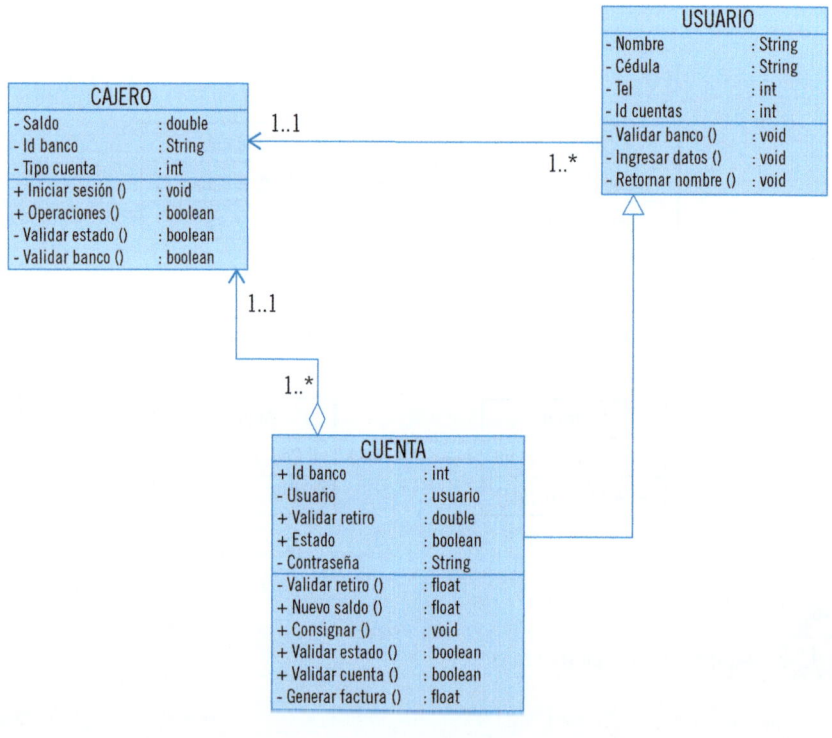

Herencia (Especialización y generalización)

Al igual que en E-R, las subclases heredan los métodos y los atributos de la clase de nivel superior o superclase. Se representa mediante una flecha:

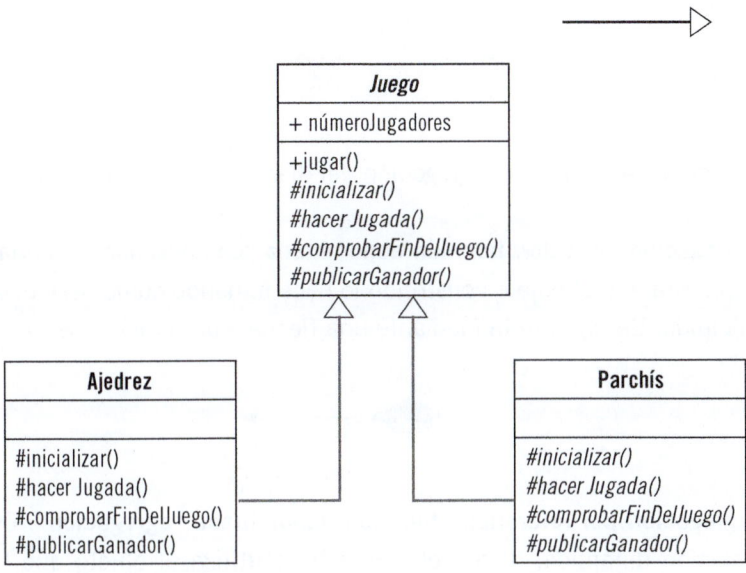

Ejemplo de una herencia de juego en ajedrez y parchís con un diagrama UML

 Actividades

4. Investigue e indague sobre las diferencias que detecta en el diagrama E-R y el diagrama de clases respecto a la herencia. Represente el ejemplo 5.15 del capítulo 3 en diagrama de clases.

Agregación

Principalmente, se utiliza cuando se manejan objetos más complejos. Relaciona un todo y sus distintas partes, constituyendo en sí una nueva clase.

 Importante

Si hay atributos descriptivos en un conjunto de relaciones se crearía una nueva clase: su nombre será el conjunto y los atributos descriptivos.

Puede definirse como una agregación del diagrama E-R. Existen dos tipos:

■ **Agregación por valor, también denominada "composición":** es una relación estática; el objeto construido lo hace tomando como base el objeto incluido. Se representa mediante una flecha y un rombo relleno.

■ **Agregación por referencia, también denominada "agregación":** Es una relación dinámica, donde el objeto base utiliza al objeto que ha incluido para funcionar. Se representa mediante una flecha y un rombo transparente.

Ejemplo de agregación y composición

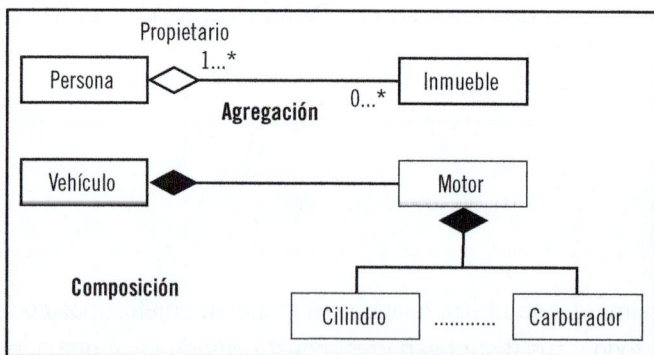

Dependencia o instancia

Representa cuando una clase es dependiente de otra. Si se ubica en el diagrama E-R podría definirse como una entidad débil. Se denotará como una flecha punteada con líneas discontinuas.

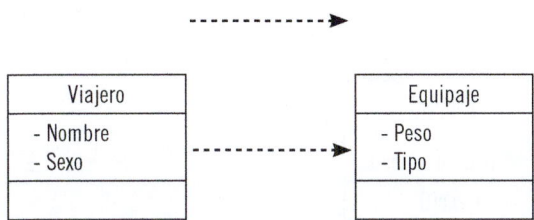

Ejemplo de una dependencia, donde equipaje depende de viajero

4. Diagrama de objetos como caso especial del diagrama de clases

Los diagramas de clases son representados en casos especiales por diagramas de objetos. Estos diagramas de objetos se utilizan en el proceso de análisis y diseño en los sistemas informáticos.

Importante

Los diagramas de objeto se usan para enfatizar la relación entre distintas clases en una situación o punto temporal, así ayudan a entender mejor los diagramas de clases.

Un caso especial podría ser una situación específica de una clase que se da en un momento particular. Su notación es muy similar a la de los diagramas de clase, utilizando elementos de él, pero con la peculiaridad de que reflejan multiplicidad y roles.

4.1. Características

A la hora de la **representación de un elemento de clase y un elemento objeto existen algunas diferencias,** puesto que un objeto de una clase estará divido en tres partes y un elemento objeto no; solamente tendrá una única parte. Además, el nombre del elemento objeto aparecerá subrayado.

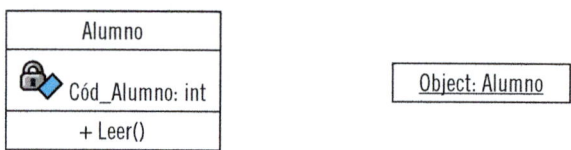

Representación de un elemento clase (izquierda) y un elemento objeto (derecha)

El **estado de tiempo de ejecución** será el momento que se representará. Es posible definir el estado de tiempo de ejecución del objeto indicando en el objeto los distintos valores de los atributos.

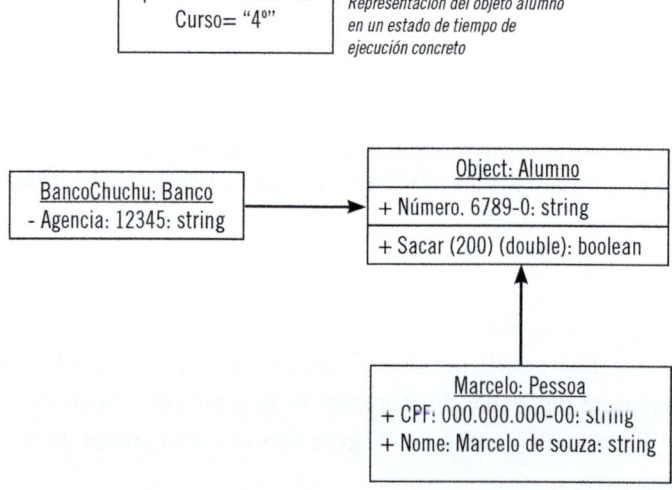

Representación del objeto alumno en un estado de tiempo de ejecución concreto

Diagrama de objetos representando una cuenta corriente en un banco de un usuario. En él se observa un objeto que es banco Chuchu, este tiene una agencia con cuentas corrientes, entre ellas la de Marcelo Pessoa de Souza.

Actividades

5. Busque un diagrama de clase representado por un diagrama de objetos, puesto que será un caso especial, y analice las distintas partes aquí mencionadas.

Aplicación práctica

Si usted en su trabajo tuviera que representar un caso especial de un diagrama de clases que representara el estado de tiempo de ejecución del objeto clase, ¿cómo lo haría?

SOLUCIÓN

La representación que se podría dar sería mediante la representación de un objeto con la siguiente estructura:

```
Object: Alumno
Aula = "15"
hora = "15:00"
Asignatura = "Matemáticaso"
```

5. Resumen

El lenguaje de modelamiento unificado, también conocido como UML *(Unified Modelling Language)* es utilizado para visualizar, especificar, construir y documentar un sistema.

El diagrama de clases es similar al E-R, pero se trabaja con clases en lugar de con entidades y sirve para visualizar las distintas relaciones entre las distintas clases.

Los principales elementos de un diagrama de clases son: clases (divididas en tres partes y compuestas por atributos, métodos y la visibilidad de estos) y relaciones (las cuales se pueden clasificar en herencia, composición, asociación y agregación).

Para la representación de los casos más especiales de los diagramas de clases se utilizan los diagramas de objetos, estos proporcionan más información y posibilitan poder obtener la información en un momento del tiempo dado, denominado "estado de tiempo en ejecución". Las clases se convierten en objetos que ya no se encuentran divididos en tres partes, solamente en una que contiene el nombre del objeto subrayado.

Ejercicios de repaso y autoevaluación

1. ¿Cómo definiría el lenguaje de modelo unificado (UML)?

_____
_____
_____
_____

2. Señale si las siguientes afirmaciones son verdaderas o falsas.

    a. Los elementos del lenguaje UML se definirán como ciudadanos de clase baja.

        ☐ Verdadero
        ☐ Falso

    b. Una relación hará la conexión entre los distintos elementos UML.

        ☐ Verdadero
        ☐ Falso

3. Indique para qué se usa principalmente el lenguaje UML.

    a. Documentar.
    b. Eliminar.
    c. Insertar.
    d. Construir.
    e. Visualizar.

4. Marque la respuesta correcta. Los diagramas agruparán las colecciones de...

    a. ... objetos.
    b. ... casos.
    c. ... elementos.
    d. ... pautas.

5. ¿Cómo definiría usted un diagrama de casos de uso?

_____

_____

6. Indique cuáles de los siguientes elementos son elementos estructurales:

   a. Actores y casos de uso.
   b. Paquetes.
   c. Mensajes.

7. Indique cuáles son los diagramas para diseñar la estructura del sistema:

   a. Diagrama de clases.
   b. Diagrama de colaboración.
   c. Diagrama de estados.
   d. Diagrama de objetos.
   e. Diagrama de componentes.
   f. Diagrama de actividades.
   g. Diagrama de despliegue.

8. Marque cómo se denota una clase:

   a. Círculo.
   b. Rectángulo dividido en tres partes.
   c. Cuadrado dividido en dos partes.

9. Complete el siguiente texto.

Se define _____ o _____ cuando una clase es dependiente de otra. Si se ubica en el diagrama E-R podría definirse como una entidad _____. Se denotará como una flecha punteada y con líneas _____ .

10. Los atributos que al igual en E-R, serán las características de una entidad, aquí de una clase...

    a. ... podrán clasificarse en tres tipos, teniendo en cuenta el grado de comunicación y visibilidad.

    b. ... podrán clasificarse en dos tipos, teniendo en cuenta la visibilidad.

    c. ... podrán clasificarse en cinco tipos, teniendo en cuenta el grado de comunicación.

11. ¿Cómo puede definirse un método en un diagrama de clases?

_____

_____

_____

_____

12. ¿Cómo se representa que un método es privado?

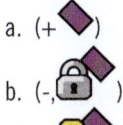

    a. (+ ◆)

    b. (-, 🔒◆)

    c. (#, 🔑◆)

13. ¿Cómo se representa una asociación?

    a. Mediante una flecha discontinua

    b. Mediante una flecha con un rombo

    c. Mediante una línea

14. Una agregación por valor, también denominada "composición" se representa por este símbolo:

    a. Mediante una flecha discontinua

    b. Mediante una flecha con un rombo

    c. Mediante una línea

15. Complete la siguiente frase.

Los diagramas de clases son representados en casos _____
por diagramas de _____. Un ejemplo de ello podría ser una situación
específica de una clase que se dé en un momento _____. Su
notación es muy similar a la de los diagramas de clase, utilizando elementos de él,
pero con la peculiaridad de que reflejan _____ y _____.

Capítulo 5
Modelo distribuido y los enfoques para realizar el diseño

Contenido

1. Introducción

Las primeras bases de datos existentes fueron todas centralizadas, es decir, todos los datos se encontraban almacenados en un gran ordenador al cual se iba accediendo. Sin embargo, esto fue cambiando hasta quedarse obsoleto con la aparición de las redes de ordenadores mediante las cuales era posible conectar ordenadores entre sí, pasando a estar su base de datos distribuida en varios ordenadores.

La unión entre base de datos y redes dio lugar a los primeros sistemas de bases de datos distribuidos en 1975. Lo que no se suponía es que hoy en día, la mayoría de las grandes bases de datos se diseñarían bajo esta tipología, definiendo una base de datos distribuida como un conjunto de bases de datos interconectadas entre sí.

Las bases de datos distribuidas han presentado infinidad de ventajas frente a las bases de datos centralizadas y, a su vez, han planteado muchos problemas que en las centralizadas no se producían.

2. Enumeración de las ventajas e inconvenientes para realizar el diseño respecto a otros modelos

Las bases de datos distribuidas dan lugar a una integración entre las redes de ordenadores y las bases de datos, lo cual presentó muchos problemas pero también grandes ventajas frente a las bases de datos centralizadas.

El objetivo principal que se persigue con este tipo de bases de datos es cubrir la necesidad de sistemas de información distribuidos que aporten una autonomía a los usuarios y consigan una mayor eficiencia.

Antes de profundizar en las ventajas y desventajas de esta tipología resulta conveniente definir base de datos distribuida como una colección múltiple de bases de datos lógicamente interrelacionadas y distribuidas sobre una amplia red de ordenadores.

Gestores de una base de datos distribuida

| Access | Mysql | Postgresql | Oracle | Postfix |

 **Nota**

Aquí aparece el concepto de sistema de gestión de base de datos, que será el producto *software* capaz de soportarlo.

Las principales ventajas de un sistema de bases de datos distribuido son:

- **Buen rendimiento:** siempre que el sistema esté bien diseñado, la mayoría de las operaciones serán locales, así la repuesta será mucho más rápida. De esta forma, disminuye el gasto en comunicación y se evita tener un nodo central.
- **Mayor fiabilidad:** un sistema distribuido es más resistente a fallos que uno centralizado.
- Al contrario que un sistema centralizado, da la **posibilidad de compartir los datos de diferentes bases de datos.**

 **Importante**

También existen desventajas de los sistemas distribuidos como son un control y manipulación de los datos más complicados. Pero las ventajas son mucho mayores y beneficiosas para su utilización frente a otros modelos.

Base de datos distribuida

Suscriptor

Suscriptor

Publicador   Distribuidor

Suscriptor

Las principales desventajas de las bases de datos distribuidas son estas:

- **Coste para el desarrollo de *software*:** el *software* debe contemplar la coordinación entre nodos, lo cual hace que este sea más costoso.
- **Aumento de probabilidad de errores:** al encontrarse la información en distintos nodos y trabajar en paralelo, se hace más difícil el control de posibles errores.
- **Sobrecarga de procesamiento:** existe un mayor intercambio de mensajes para la correcta coordinación.

 Nota

Por un lado, el diseño de un sistema centralizado es mucho más sencillo porque los sistemas gestores de bases de datos distribuidos son más caros.

Base da datos centralizada

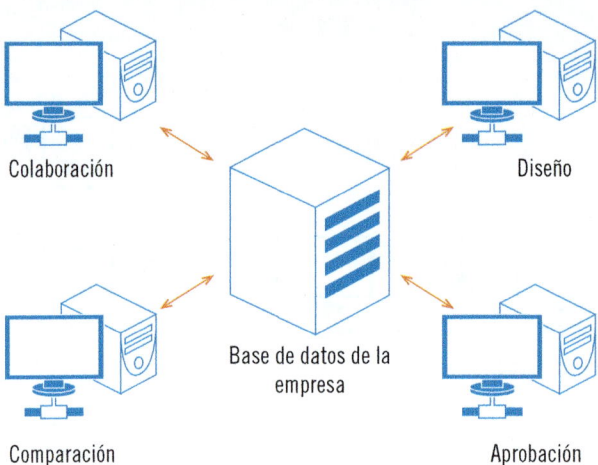

Seguidamente, se muestra un cuadro resumen con las principales ventajas y desventajas de un sistema de base de datos distribuido y un sistema de bases de datos centralizado, así como de su diseño.

Base de datos distribuida	Base de datos centralizada
Una mayor expansibilidad, nuevos nodos que forman parte de la base de datos distribuida, lo cual hace que esta crezca.	La redundancia entre los datos no existe para sistemas de bases de datos centralizadas, puesto que cada sistema tiene sus archivos principales y únicos.
Se facilita la disponibilidad y confiabilidad de los datos en los distintos lugares que se encuentren.	Los principales componentes de la base de datos centralizada son los datos, el *software* del sistema de base de datos y los dispositivos de almacenamiento.
Facilidad y flexibilidad para poder mover unos datos de un lugar a otro o localización física.	Alta seguridad, siendo sencillos de solucionar.
Presenta una mayor complejidad que el sistema de base de datos centralizado.	No existe la inconsistencia de los datos, puesto que los datos no tienen muchas entradas sino una única, por lo tanto, no se puede dar una no concordancia.

Tabla que recoge las distintas ventajas y desventajas del diseño y características de ambos sistemas

Un sistema centralizado genera unos mayores gastos de comunicación entre los diferentes nodos, además, el nodo principal debe soportar una gran carga y es un generador de cuellos de botella.

Un sistema centralizado se paraliza completamente en el caso de que el nodo principal no esté activo. Sin embargo, es mucho más fácil controlar las operaciones sobre los datos, mientras que en los sistemas distribuidos es necesario, en muchos casos, realizar conversiones entre los datos.

 Nota

La comunicación es más compleja y la cantidad de errores y problemas aumentan, pues son mayores en el sistema distribuido que en el centralizado.

 Actividades

1. Busque situaciones reales que en la actualidad estén utilizando una tipología de base de datos distribuida y una base de datos centralizada y justifique la utilización de un tipo u otro.

3. Concepto de fragmentación y sus diferentes tipos

Al hablar de **fragmentación** se hace referencia a la división en fragmentos o distintas partes almacenadas en sitios diferentes. Este concepto, al aplicarlo, dará una mayor eficiencia, ya que se obtendrán los datos donde más se utilicen; un paralelismo para las distintas consultas que se podrán dividir en subconsultas para que operen con fragmentos; y una mayor seguridad para los datos al no estar todos en un único lugar.

En una base de datos distribuida es necesario dividir o fragmentar la base en varios nodos. Para ello existen varios estilos básicos de fragmentación:

- **Fragmentación horizontal:** las tablas se dividen en conjuntos de tuplas completas.
- **Fragmentación vertical:** se dividen las tablas en sus campos correspondientes.
- **Fragmentación mixta:** se aplica fragmentación vertical y fragmentación horizontal.

Importante

El principal objetivo de la fragmentación o división no es otro que encontrar distintos conjuntos de atributos a los que se acceda en conjunto o a una gran parte de ellos por las distintas aplicaciones.

Un parámetro que debe tenerse en cuenta y controlarse es el grado de la fragmentación.

Definición

Grado de fragmentación
Es la cantidad de fragmentación a aplicar en la tabla.

Una base de datos con grado de fragmentación 0 es aquella en la que no se ha realizado ninguna división de la misma. El grado máximo es aquel en el que cada tupla o atributo es un único fragmento.

3.1. Vertical

Cada fragmento vertical deberá tener el mismo número de filas, pero la inclusión o exclusión de atributos dependerá de la columna clave.

 Aplicación práctica

Si usted estuviera trabajando en un banco y necesitara hacer el diseño de una base de datos distribuida con fragmentación vertical en dos tablas que tuvieran los datos: Banco, Nombre de banco, Código de control (DC), Cuenta y Titular, ¿cómo esbozaría el ejemplo?

SOLUCIÓN

En la representación de una fragmentación vertical las tablas se encuentran divididas en sus campos correspondientes:

Banco	Nombre_B	DC
0181	Cajatierra	86
0181	Cajatierra	86
0181	Cajatierra	01
0181	Cajatierra	02

Cuenta	Titular
123456	Juan
345678	Luis
948574	María
264536	David

EMP#	NOMBRE	SALARIO	IMPTO.	#JEFE	DEPT#
e1	X	1000	100	J1	D1
e2	Y	1500	300	J1	D1
e3	Z	500	20	J2	D2
e4	A	4000	1000	J3	D3
e5	B	2000	350	J2	D2

EMP#	NOMBRE	#JEFE	DEPT#
e1	X	J1	D1
e2	Y	J1	D1
e3	Z	J2	D2
e4	A	J3	D3
e5	B	J2	D2

EMP#	SALARIO	IMPTO.
e1	1000	100
e2	1500	300
e3	500	20
e4	4000	1000
e5	2000	350

FV1=E[EMP#,NOMBRE,#JEFE,DEPT#]   FV2=E[EMP#,SALARIO,IMPTO]

Ejemplo del tipo de fragmentación vertical

3.2. Horizontal

La fragmentación horizontal se utiliza normalmente para conservar las tuplas de los sitios donde más se utilizan para conseguir así minimizar la trasferencia de los datos.

Fragmento de la EUI: $\sigma_{Escuela="EUI"}(T)$

DNI	Escuela	Nombre	Nota Ingreso	Beca
87633483	EUI	Concha Queta	5,6	No
99855743	EUI	Josechu Letón	7,2	Sí
05399075	EUI	Bill Gates	5,0	No
44543324	EUI	Maite Clado	7,5	Sí

Fragmento de la EUI: $\sigma_{Escuela="EUIT"}(T)$

DNI	Escuela	Nombre	Nota Ingreso	Beca
33887293	EUIT	Oscar Romato	6,1	Sí
44343234	EUIT	Pepe Pótamo	8,0	No
66553234	EUIT	Ernesto Mate	6,6	No

Ejemplo del tipo de fragmentación horizontal

Importante

Cada fragmento horizontal puede tener un número de filas diferente siempre y cuando tengan los atributos.

Aplicación práctica

Si usted estuviera trabajando en un banco y necesitara hacer el diseño de una base de datos distribuida con fragmentación horizontal en dos tablas que tuvieran los datos: Banco, Nombre de banco, Código de control (DC), Cuenta y Titular, ¿cómo esbozaría el ejemplo?

SOLUCIÓN

En la representación de una fragmentación horizontal las tablas se encuentran divididas en conjuntos de tablas completas, por lo tanto, un ejemplo sería el siguiente:

Banco	Nombre_B	DC	Cuenta	Titular
0181	Cajatierra	86	123456	Juan
0181	Cajatierra	86	345678	Luis

Banco	Nombre_B	DC	Cuenta	Titular
0181	Cajatierra	01	948574	María
0181	Cajatierra	02	264536	David

Actividades

2. Enumere las principales diferencias entre la fragmentación horizontal y la fragmentación vertical.

3.3. Mixto

Existe la posibilidad de relacionar dos tipos de fragmentación, aplicando así tanto fragmentación horizontal como vertical.

$\pi_{DNI,Escuela,Nombre,Beca}(E)$

DNI	Escuela	Nombre	Beca
87633483	EUI	Concha Queta	No
99855743	EUI	Josechu Letón	Sí
05399075	EUI	Bill Gates	No
44543324	EUI	Maite Clado	Sí

Fragmento de la EUI: $\sigma_{Escuela="EUI"}(T)$

DNI	Escuela	Nombre	Nota Ingreso	Beca
87633483	EUI	Concha Queta	5,6	No
99855743	EUI	Josechu Letón	7,2	Sí
05399075	EUI	Bill Gates	5,0	No
44543324	EUI	Maite Clado	7,5	Sí

$\pi_{DNI,Escuela,Nombre,Nota\ ingreso}(E)$

DNI	Escuela	Nombre	Nota Ingreso
87633483	EUI	Concha Queta	5,6
99855743	EUI	Josechu Letón	7,2
05399075	EUI	Bill Gates	5,0
44543324	EUI	Maite Clado	7,5

Ejemplo del tipo de fragmentación mixta

Al mismo tiempo, se pueden distinguir las siguientes clases dentro de este tipo de fragmentación:

- **Fragmentación VH:** se aplica en primer lugar la fragmentación vertical y, posteriormente, la fragmentación horizontal.
- **Fragmentación HV:** en primer lugar se aplica la fragmentación horizontal y, seguidamente, la fragmentación vertical.
- **Fragmentación semántica:** el orden de las fragmentaciones se establecerá teniendo en cuenta la semántica de las distintas operaciones que se realizan en la base de datos.
- **Fragmentación simultánea:** se dan la fragmentación horizontal y vertical a la vez, es decir, simultáneamente.

Recuerde

Dentro de la fragmentación mixta se encuentran la VH, la HV, la semántica y la simultánea.

Actividades

3. Investigue y elabore un informe acerca de en qué casos es mejor utilizar una fragmentación mixta.
4. Si tuviera que realizar una fragmentación sobre una base de datos distribuida de un colegio para realizar consultas de faltas, ¿realizaría usted una fragmentación semántica o simultánea? Justifique su respuesta.

4. Enumeración de las reglas de corrección de la fragmentación

Para realizar la fragmentación se deben tener en cuenta tres reglas, las cuales si se aplican correctamente asegurarán que durante el proceso de la base de datos distribuida no existan cambios semánticos.

Las reglas que se deben seguir son las siguientes:

1. **Compleción:** cuando una relación se descompone en una serie de fragmentos, los distintos elementos deben encontrarse en la relación inicial además de en distintos fragmentos. Esta propiedad es de gran importancia, ya que asegura que los datos de la relación principal se reflejan directamente sobre los distintos fragmentos sin perder ninguna información.
2. **Reconstrucción:** al descomponerse una relación en distintos fragmentos, podrá definirse un operador racional que variará según las distintas maneras de fragmentación en las cuales esté implicado. La reconstrucción lo que hace es asegurar que todas las restricciones definidas sobre los datos como dependencias se mantengan correctamente.
3. **Disyunción:** si una relación se descompone horizontalmente en distintos elementos, esos elementos no se encontrarán en otro fragmento, asegurando que los fragmentos horizontales sean disjuntos. Sin embargo, si se descompone verticalmente, sus atributos clave se repetirán en todos los fragmentos.

 Actividades

5. Realice un ejemplo de fragmentación horizontal y compruebe si se aplican las distintas reglas de fragmentación. Justifique su respuesta.

5. Enumeración de las reglas de distribución de datos

Existen doce reglas, las cuales deben tenerse en cuenta para entender la tecnología distribuida y la funcionalidad de estos sistemas. Algunas son independientes entre sí. Las reglas son las siguientes:

1. **Autonomía local:** los distintos lugares de una base de datos distribuida deben ser autónomos y poder operar directamente en ese nodo sin tener que ser controlados por otro. Un nodo es completamente autónomo cuando no depende de ningún otro nodo. Es necesario que todos los nodos tengan cierta autonomía para evitar que dependan completamente de otros elementos de red. Todo esto hace que se controle de una manera más fácil la seguridad e integración.
2. **No dependencia de un sitio central:** no debe existir un lugar central que controle, haciendo que el sistema dependa de ese sitio. La dependencia a un lugar central no es deseable debido a que se podría convertir en el cuello de botella, convirtiéndose en un sistema vulnerable si este tuviera algún problema, dejando de funcionar todo el sistema.
3. **Operación continua:** nunca será necesario apagar el sistema para realizar ninguna función.
4. **Independencia con respecto a su localización:** también conocida como "transparencia", podría definirse como la medida en la que es posible desentenderse de la localización física de los datos en una consulta a una base de datos distribuida. Por lo tanto, interesa que la base de datos sea lo más transparente posible porque además simplifica los programas de los usuarios y su actividades en la terminal.
5. **Independencia con respecto a la fragmentación:** si un sistema se divide en distintas partes, se dice que ese sistema maneja fragmentación. El motivo por el cual se fragmenta o es deseable fragmentar es para poder almacenar los datos donde se utilicen con más frecuencia y que, de esta manera, se reduzca el tráfico de la red y se eviten posibles cuellos de botella. Un sistema que soporte fragmentación deberá ofrecer una independencia de las fragmentaciones, denominado también "trasparencia de la fragmentación", logrando con ello simplificar los programas de los usuarios y las actividades de estos.

6. **Independencia de réplica:** un sistema manejará replicas si se necesitan representar copias de los datos en distintos lugares. Se utiliza la réplica principalmente para ayudar a que se realice un mejor desempeño y además se dará lugar a una mejor disponibilidad. Sin embargo, el problema radica en que para actualizarla resulta mucho más complejo, puesto que se encuentra el mismo dato en muchos lugares distintos. La réplica debe ofrecer una independencia de réplica, donde los usuarios puedan utilizar solo la réplica de datos donde se encuentran los datos necesarios, independientemente de las demás. Permite la creación y eliminación de réplicas de forma dinámica.

7. **Procesamiento distribuido de consultas:** se debe tener en cuenta que para una consulta que implica varios sitios distintos se debe encontrar una estrategia que satisfaga la solicitud de la manera más eficiente, trasladando la información de la mejor manera para ello.

8. **Manejo distribuido de transacciones:** en un sistema de bases de datos distribuido, cuando una transacción se ejecuta, esta puede implicar la ejecución en distintos sitios. Por lo tanto, aparecen dos cuestiones que son el control de recuperación y el control de concurrencia.
El control de recuperación asegura que una transacción sea atómica y que todos los componentes de la transacción se ejecuten al unísono. Respecto al control de concurrencia, principalmente se basará en el bloqueo.

9. **Independencia con respecto al equipo:** es necesario poder presentar al usuario una sola imagen del sistema donde se encuentren integrados los datos en todos los sistemas. Por lo tanto, se debería ejecutar el mismo sistema de administración de sistemas operativos en distintos equipos y conseguir que estos equipos participen por igual del sistema distribuido.

10. **Independencia con respecto al sistema operativo:** además de poder ejecutar el mismo sistema de bases de datos distribuido en distintos equipos, también debe poder ejecutarse en distintos sistemas operativos.

11. **Independencia con respecto a la red:** debe manejar distintas redes de comunicación al igual que podrá manejar distintos sitios, equipos y sistemas operativos.

12. **Independencia con respecto al DBMS:** se requiere que los distintos DBMS (Sistemas Administradores de Base de Datos) en los distintos sitios manejen la misma interfaz.

Reglas de distribución de datos

Actividades

6. Ponga un ejemplo de fragmentación horizontal y compruebe si se aplican las distintas reglas de fragmentación. Justifique su respuesta.
7. Especifique la principal diferencia entre una autonomía local y una dependencia a un sitio central.
8. Busque y amplíe información sobre el manejo distribuido de operaciones.

6. Descripción de los esquemas de asignación y replicación de datos

A continuación, se va a profundizar en los distintos tipos de asignación para conseguir la distribución más óptima, así como en los distintos modelos de replicación de datos existentes para distribuir la base de datos.

6.1. Asignación

Con la asignación lo que se intenta es la distribución más óptima de los distintos fragmentos en los nodos. Por lo tanto, para la interconexión de los nodos existen varios tipos en función de si se atiende al área de conexión, a la conectividad o a su morfología.

 Nota

No debe olvidar que una base de datos distribuida no es más que una red de ordenadores conectados entre sí para intercambiar información.

- **Atendiendo al área de conexión:**

  - **Redes de área local:** principalmente se usarán para dar cobertura a distintos departamentos de una empresa.
  - **Redes de área externa:** cuando existe un contacto permanente con otras empresas situadas geográficamente alejadas.

- **Atendiendo a la conectividad:**

  - **Redes completamente conectadas:** todos sus nodos están conectados entre ellos.
  - **Redes parcialmente conectadas:** no existen conexiones directas con todos sus nodos.

- **Atendiendo a su morfología, destacan las siguientes:**

  - **Estructura de árbol:** conjunto de subredes estrella conectadas a un bus o a otro nodo principal.

Ejemplo de estructura en árbol

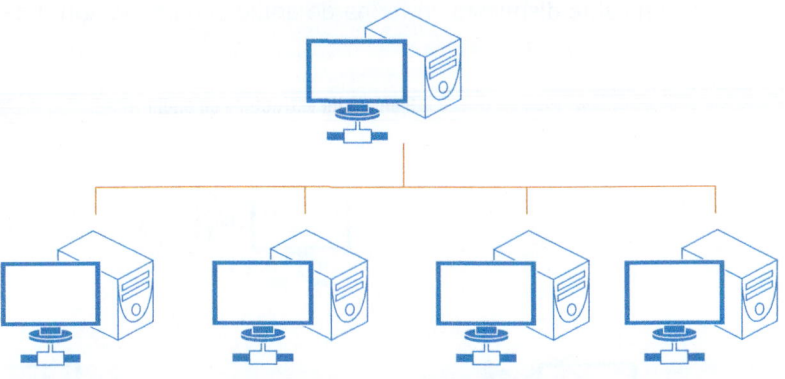

■ **Estructura de estrella:** esta topología es más moderna y rápida que la topología en bus. Todos los nodos se encuentran conectados a un distribuidor.

Ejemplo de estructura en estrella

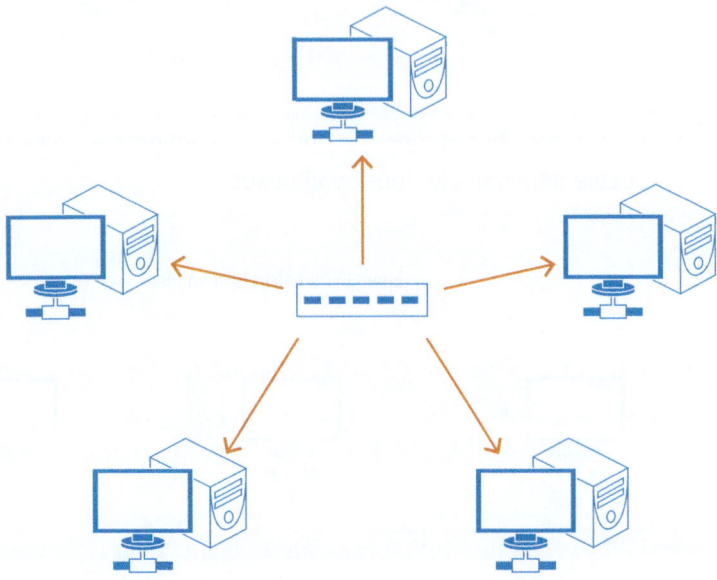

▌**Estructura de anillo:** conjunto de nodos individuales conectados a un cable dispuesto en forma de anillo con una longitud delimitada.

Ejemplo de estructura en anillo

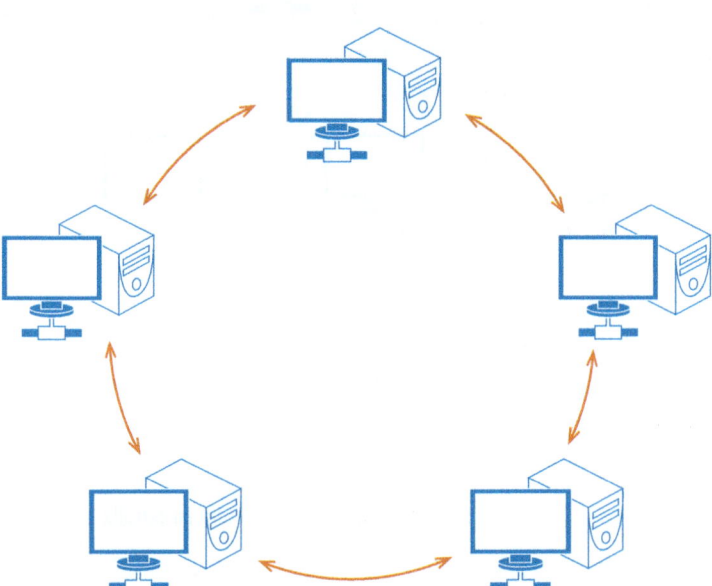

▌**Estructura bus:** todos los nodos se encuentran conectados por un cable denominado "bus" y alineados.

Ejemplo de estructura en bus

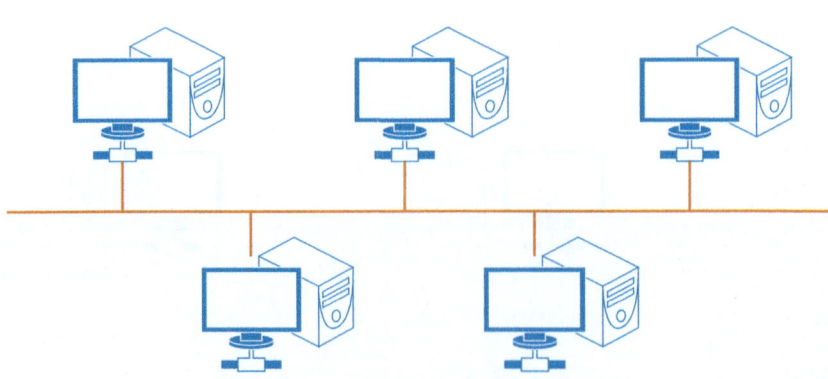

Actividades

9. Realice un esquema de las principales tipologías de asignación y sus principales características y busque cuál es el tipo más utilizado en la actualidad, si lo hay.

Aplicación práctica

**Usted es el encargado en su empresa de administrar las redes y bases de datos. Cuenta con
una central donde usted se encuentra y numerosas sociedades vinculadas que consultan
esa misma base de datos y usted necesita consultar los datos de las distintas sociedades.**

**¿Qué modelo usaría para definir la estructura de la base de datos de su empresa? Justifique
la respuesta.**

SOLUCIÓN

La mejor topología de la base de datos distribuida para esta solución sería la topología con
forma de estrella, ya que esta es más moderna y rápida que la topología en bus. Además, todos
los nodos se encuentran conectados a un distribuidor.

6.2. Replicación

Unos de los principales problemas que se plantean es cómo distribuir la
base de datos y cómo se van replicar los datos. Suponiendo que está divida
en cuatro partes llamadas X, Y, Z y T, los distintos diseños que podrían usarse
estarían dentro de las categorías siguientes:

Base de datos multiplicada

En los distintos casos la base de datos global será copiada en todos los
nodos íntegramente.

La principal ventaja de este diseño es que al estar la base de datos en todos los nodos, estos son independientes entre sí para realizar consultas, disponiendo cada nodo de una total autonomía.

Sin embargo, como **desventaja** se encuentra que se necesita cuatro veces más espacio y aparece una gran complejidad en las distintas operaciones de borrado, inserción o modificación de datos.

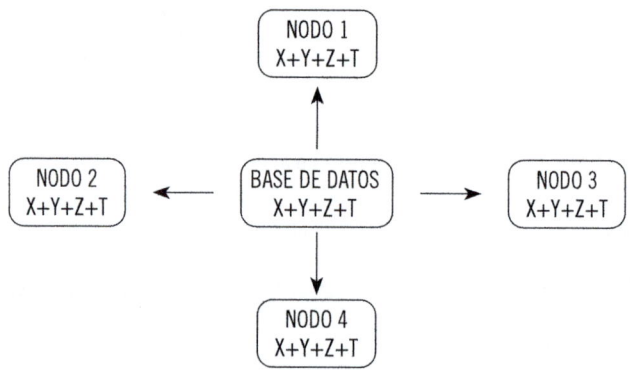

Ejemplo de una base de datos multiplicada en cuatro nodos

Base de datos particionada

Este caso es totalmente opuesto al anterior, puesto que en cada nodo solo se va a almacenar una parte de la base de datos sin usar replicación de datos.

 **Recuerde**

La base de datos particionada es opuesta a la multiplicada, ya que en cada nodo solo se almacena una parte de la base de datos sin recurrir a la replicación.

La **ventaja** es que ocupa el mismo espacio que la base de datos centralizada, y que sus operaciones son muy sencillas, ya que solo es necesario alterar la información de un solo nodo.

La **desventaja** es que si cae el nodo red, no se podrá acceder a una parte de la base de datos y, además, las operaciones de consulta resultan muy complicadas.

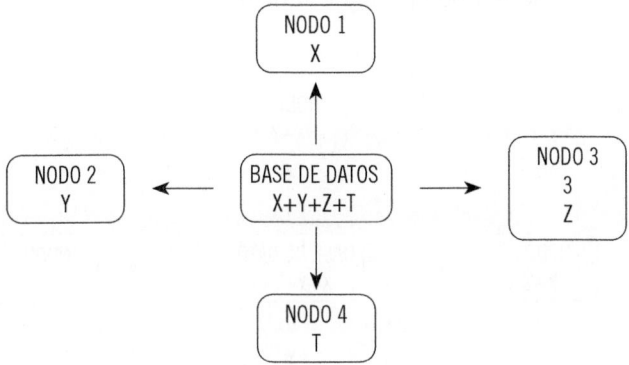

Ejemplo de una base de datos particionada en cuatro nodos

Base de datos con nodo principal

Cada nodo contiene una parte de la base de datos y un nodo contiene la base de datos completa.

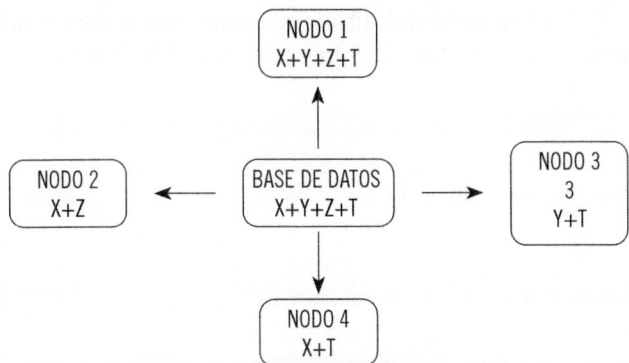

Ejemplo de una base de datos con nodo principal en cuatro nodos

La ventaja es que cuenta con un sistema híbrido entre una base de datos distribuida y una centralizada.

Base de datos con duplicación de nodos seleccionados

Ninguno de los nodos contendrá la base de datos completa, simplemente una parte de la misma. Existe la ventaja de que ante la posibilidad de que caiga algún nodo, la red puede seguir funcionando.

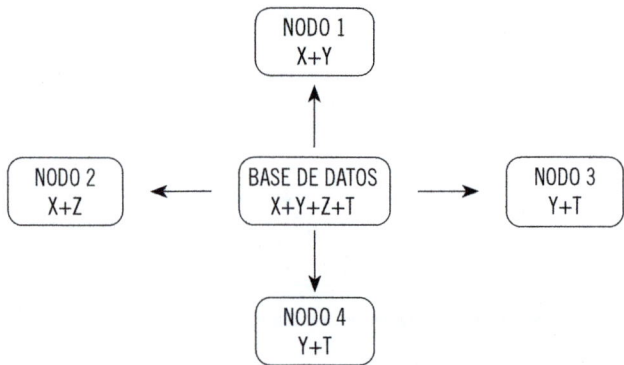

Ejemplo de una base de datos distribuida con duplicación en nodos seleccionados en cuatro nodos

 Actividades

10. Represente una base de datos distribuida, representando una empresa de telecomunicaciones en sus distintos tipos de distribución o replicación de datos.

 Aplicación práctica

Si necesitara realizar una fragmentación para su base de datos distribuida, para la cual debe tener en cuenta que tiene tres nodos fundamentales de acuerdo a los siguientes datos: alumno, clase, edad, asignatura, nota media.

En el primer nodo normalmente consulta cuántos alumnos hay en una clase.

En el segundo nodo normalmente consulta cuántos alumnos están matriculados en una asignatura.

En el tercer nodo consulta la nota media de un alumno.

¿Cómo esbozaría el ejemplo? ¿Qué tipo de fragmentación utilizaría? Justifique su respuesta.

SOLUCIÓN

Se utilizará la base de datos con duplicación de nodos seleccionados, puesto que ninguno de los nodos contendrá la base de datos completa, simplemente una parte de la misma.

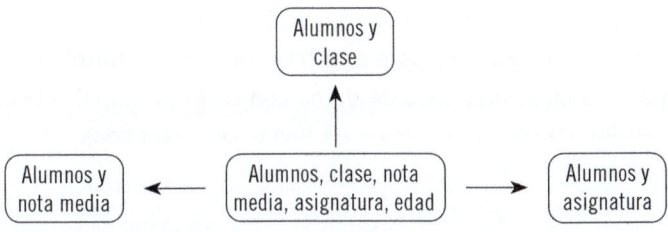

7. Resumen

Una base de datos distribuida se puede definir como un conjunto de bases de datos conectadas entre sí, pudiendo de esta forma acceder a la información contenida en todas ellas. Las principales ventajas que se destacan de este modelo son una mejora de rendimiento frente a las bases de datos centralizadas; mayor fiabilidad en los datos; y, por supuesto, la interconexión entre los distintos nodos. Sin embargo, no todo han sido ventajas, pues han surgido algunos problemas que con las bases de datos centralizados no aparecían, tales como una cantidad de errores respecto a las conversiones de datos, dado que ahora es más difícil controlar las operaciones sobre los datos.

La fragmentación aparece para este tipo de base de datos, ya que es necesario dividir la base de datos en distintos nodos. Existen distintos tipos de fragmentación, entre los cuales se encuentran la fragmentación horizontal, la fragmentación vertical y la fragmentación mixta.

Existen normas para la corrección de fragmentación; entre ellas se deben seguir la compleción, la reconstrucción y la disyunción. Igualmente, para la distribución de los datos se recomienda que cumplan doce reglas descritas en el tema.

Cuando se habla de asignación dentro de una base de datos distribuida se pueden hacer distintas clasificaciones en función a su área de conexión, a la conectividad o a su morfología. Dentro de la clasificación de su morfología existen distintas estructuras como son: árbol, estrella, anillo o bus.

Sin embargo, si se atiende a su replicación, existen tener distintas maneras para distribuir los datos: mediante una base de datos multiplicada, una base de datos particionada, una base de datos con nodo principal o bien una base de datos distribuida con duplicación en nodos seleccionados.

Ejercicios de repaso y autoevaluación

1. ¿Cómo definiría una base de datos distribuida?

_____

_____

2. Señale si las siguientes afirmaciones son verdaderas o falsas.

    a. Una de las principales ventajas de un sistema de base de datos distribuida es la facilidad montaje.

        ☐ Verdadero
        ☐ Falso

    b. Un buen rendimiento es una ventaja que proporciona la base de datos distribuida.

        ☐ Verdadero
        ☐ Falso

3. Señale las principales desventajas de un sistema de base de datos distribuido:

    a. Coste mayor.
    b. Menor facilidad de acceso a los datos.
    c. Sobrecarga de datos.
    d. Mayor probabilidad de errores.
    e. Sobrecarga del procesamiento.

4. Al contrario que una base de datos centralizada, una base de datos distribuida comparte...

    a. ... lugares.
    b. ... casos.
    c. ... datos.
    d. ... *software.*

5. ¿Cómo definiría usted la fragmentación en una base de datos distribuida?

_____

_____

6. Una fragmentación horizontal se utiliza normalmente para mantener sus...

    a. ... tuplas.
    b. ... filas.
    c. ... casillas.

7. Señale los tipos de fragmentación:

    a. Fragmentación horizontal.
    b. Fragmentación paralela.
    c. Fragmentación recta.
    d. Fragmentación vertical.
    e. Fragmentación mixta.
    f. Fragmentación única.

8. Marque a qué tipo pertenece la fragmentación semántica:

    a. Horizontal.
    b. Mixta.
    c. Vertical.

9. Complete el siguiente texto.

Cuando se habla de autonomía _____, es necesario que todos los _____ tengan cierta autonomía para evitar que _____ completamente de otros elementos de _____. Todo esto hace que se controle de una manera más fácil la seguridad e integración.

10. La reconstrucción lo que hace es asegurar que todas las restricciones definidas sobre los datos como _____ se mantengan correctamente.

    a. dependencias.
    b. **objetos.**
    c. atributos.

11. ¿Cómo puede definirse la regla de independencia de réplica?

    _____
    _____
    _____
    _____
    _____
    _____
    _____
    _____

12. ¿Qué regla se refiere a la posibilidad de manejar distintas redes de comunicación?

    a. Independencia con respecto a la red.
    b. Independencia con respecto al sistema operativo.
    c. Independencia con respecto al DBMS.

13. ¿Cuáles son las opciones de asignación atendiendo a la conectividad?

    a. Redes completamente conectadas y parcialmente conectadas.
    b. Redes de área local y externa.
    c. Estructura de árbol y estructura estrella.

14. Una estructura de estrella es la topología más moderna y rápida...

    a. ... donde todos los nodos se encuentran conectados a un distribuidor.
    b. ... donde todos los distribuidores se encuentran conectados a un nodo.
    c. ... donde todos los nodos se encuentran conectados a una estructura.

15. Complete la siguiente frase.

La principal _____ del diseño base de datos _____
es que al estar la base de datos en todos los **nodos**, estos son _____ entre
sí para realizar consultas, disponiendo cada nodo de una total _____.

Bibliografía

Monografías

❚ CASTELLANO Pérez, M.J. y LÓPEZ Montalbán, I.: *Administración de Sistemas Gestores de Bases de Datos.* Gaceta Grupo Editorial, 2011.

❚ CORONEL, C. y ROB, P.: *Sistemas de bases de datos: diseño, implementación y administración.* Cengage Learning Editores, 2004.

❚ CUADRA Fernández, D.: *Desarrollo de Bases de Datos.* RA-MA, 2013.

❚ HERNÁNDEZ, J.: *Introducción a la minería de los datos.* Madrid: Pearson Educación, 2004.

❚ KROENKE, D.M.: *Procesamiento de bases de datos: fundamentos, diseño e implementación.* Madrid: Pearson Educación, 2003.

❚ MORENO García, P.J.: *Bases de datos relacionales: Diseño e Implementación.* Murcia: Diego Marín, 2011.

❚ PIÑEIRO Gómez, J.M.: *Bases de datos relacionales y modelado de datos.* Madrid: Ediciones Paraninfo, 2013.

❚ PONS, O., MARÍN, N., MEDINA, J.M., ACID, S. y VILA, M.A.: *Introducción a las bases de datos: el modelo relacional.* Madrid: Thomson Paraninfo, 2005.

❚ RUIZ Faudón, L.M.: *Introducción a los sistemas de bases de datos.* Madrid: Pearson Educación, 2001.

SILBERSCHATZ, A.: *Fundamentos de diseño de bases de datos.* 5ª ed. Madrid: Editorial McGraw-Hill.

Textos electrónicos, bases de datos y programas informáticos

Bases de Datos- Formas Normales, de: <http://elbauldelprogramador.com/>.

Reglas de Codd, de:
<http://www.codejobs.biz/es/blog/2012/08/30/las-reglas-de-codd-para-bases-de-datos-relacionales>.

Nivel físico, de: <http://rua.ua.es/dspace/bitstream/10045/3444/1/T7OF.pdf>.

Entidad-Relación, de:
<http://www.cs.us.es/cursos/bd-2005/HTML/modeloER.htm#entidades_relaciones>.